담담하게 걷고
뜨겁게 뛰어라

어떤 조직에서도 성장하는 내면의 힘!

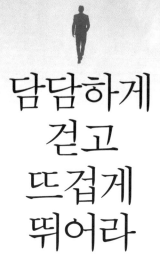

담담하게
걷고
뜨겁게
뛰어라

김동현 지음

북스토리

담담한 마음을 가집시다.
담담한 마음은
당신을 굳세고 바르고 총명하게 만들 것입니다.

– 정주영(현대그룹 창업자)

프롤로그

인생은 직선이 아닌 곡선 길이다. 강물이 굽이굽이 돌아 흘러가듯 인생도 그 곡선의 휨을 품고 있다. 그래서 모퉁이를 돌아갈 때 예측불허의 상황을 만나 고통과 아픔을 겪기도 하고, 때로는 기쁨과 보람의 순간을 맞기도 한다. 나는 지난 31년 동안 다섯 군데의 회사에서 직장생활을 했는데, 30대 중반에는 개인 사업을 시작해 3년 만에 접는 상황을 맞기도 했다. 직장생활의 대부분은 외국계 회사에서 근무했다. 듀폰Du Pont이나 몬산토Monsanto 같은 미국계 다국적 화학 회사에서 일했고, 마지막은 콜비온 퓨락Corbion Purac이라는 네덜란드 기업의 한국 지사장으로 12년 근무 후 2015년에 사직서를 내고 퇴직했다.

짧지 않은 시간을 일했지만 나의 지나온 과정은 성공과 화려함보다는, 어줍지 않은 용기로 인한 실패와 사려 깊지 못한 미숙함이 불러온 아쉬운 일들이 더 많이 기억에 남는다. 그럼에도 성공적인 외국계 회사의 장수長壽 한국 지사장으로서 나름의 성취를 이뤄온 시간을 통해, 마치 원두에서 맛있는 커피를 우려내듯이 삶의 지혜와 교훈의 엑기스를 얻을 수 있었다.

책을 쓰겠다고 마음먹고 글을 쓰면서 지금까지 살아온 시간을 정리하다 보니 많은 것들을 잊고 살았음을 깨달았다. 젊은 나이에 불구가 될 수도 있었던 위기의 순간에 누군가로부터 큰 도움과 은혜를 입었던 일, 삶의 고비에서 초심으로 돌아가 제대로 잘 살아보겠다고 가졌던 각오들, 그러한 각오를 쉽게 망각하고 구태의연하게 살았던 아쉬움, 준비도 안 된 채 사업을 시작했다가 실패했던 쓰라린 기억……. 삶의 변곡점들이 주마등처럼 떠올랐다. 때로는 감사와 아쉬움이 교차하면서 주체 못 할 눈물이 흐르기도 했지만, 지금껏 살아온 삶이 신기하게 느껴졌다. 실패하고 아쉬웠던 일들조차 내 삶의 축복이었음을 깨닫고 나니, 앞으로의 삶은 새털 같은 마음으로 살아야겠다는 생각이 들었다.

만약 앞이 보이지 않아 힘들고 어렵기만 했던 3, 40대에 그 모든 것들이 삶의 축복임을 알았다면, 나의 선택이나 결정이 불러온 실패가 정말 끝은 아니었다는 것을 알았다면 새로운 시야를 얻을 수도 있었을 텐데, 라는 아쉬움이 크게 들었다.

그래서 내가 이 책에서 이야기하려는 것은 어떻게 하면 돈을 많이 벌고, 회사에서 더 높은 지위에 오를 수 있는지에 대한 것이 아니다. 나는 이 책에서 지속가능하고도 풍요로운 커리어 라이프를 만들어가기 위해 알아야 할, 세상에서 작동하는 메커니즘에 대처하는 마음가짐과 삶의 태도에 대한 이야기를 할 것이다. 세상은 더욱더 자극적인 것과 과잉을 요구하는 사회로 나아가고 있다. 갈수록 이러한 흐름이 심화되는 환경 속에서 어떻게 중심을 잡고 지혜롭게 헤쳐나갈 것인가를 함께 이야기하려 한다.

내가 직접 겪고 관통한 경험에 기반한 키워드를 중심으로 열정보다는 담담함으로, 지금 당장 잘하고 좋아하는 것이 없어도 내게 손이 닿는 것부터 하나씩 도전하고 확장하며 자신의 삶을 만들어가는 법을 이야기하려 한다.

이 책에서 이야기할 '담담함'은 무심함 또는 소극적이거나 수세적인 삶의 자세가 아니다. 담담함은 보다 적극적이고 명확한 방향을 만들어가는 태도이며, 지혜로운 삶을 추구하는 마음가짐이다. 하루하루 맞닥

뜨리는 여러 가지 변수와 상황들이 우리를 혼란스럽게 하고 앞으로 나아가지 못하게 붙잡기도 한다. 이럴 때 나는 근거 없는 희망과 구호로 나를 몰아붙이거나 지레 포기하며 좌절하지 않았다. 담담하게 내가 할 수 있는 유효한 선택과 행동을 찾아 움직였고, 그것들이 쌓이니 어느덧 성큼 앞서가 있는 나를 발견할 수 있었다.

원대한 꿈이나 거창한 목표를 앞세우기보다 먼저 우리 가까이 있는 것들에 집중하자. 내가 지금 하고 있는 일, 이것을 가능케 하는 건강, 소중한 인연들, 그리고 무엇보다도 내가 존재하고 있는 현재present라는 시간을 통해 매 순간을 공들여 사는 것이다. 때로는 인생에 대한 속 깊은 질문과 의문을 가짐으로써 벅차지만 닿을 수 있는 한계에 도전해보기도 하고, 새로운 삶의 시야를 가질 수 있을 것이다.

그렇게 시작한 담담한 한 걸음이 인생의 모퉁이를 도는 시점에 있거나 어려운 상황에 처해 멈춰 서 있는 사람들에게 위로와 힘이 되고, 나아가 나침반과 같은 방향과 영감으로 이끌어줄 것임을 먼저 그 길을 걸어온 삶의 선배로서 나는 확신한다.

이 책을 쓰고 내는 데까지 많은 도움을 주신 분들에게 감사의 말씀을 전하고 싶다. 직장에 사직서를 쓰겠다고 했을 때 흔쾌히 동의해주고 퇴직 후에 글을 쓰는 데 세심한 배려와 힘을 북돋워준 아내에게 진심으로 고맙다. 그리고 책을 쓰는 데 용기를 더해준 친구들과 선후배님들에게도 감사의 인사를 드린다. 만날 때마다 나에게 책을 쓰라고 꾸준히 부추긴(?) 조세연 사장, 내가 홀로 글을 쓰고 싶을 때 춘천 자신의 아파트를 내어준 김광봉 친구에게 감사의 말을 전한다.

CONTENTS

Part 2 • 성공이 비즈니스의 끝은 아니다

Part 1

완벽한
선택은
없다

Chapter 1

인생은 곡선 길이다

돌고 돌아 가는 길

법정 스님은 인생은 직선이 아니라 곡선이라고 표현하셨다. 생전에 길상사 법문에서 "사람의 손이 빚어낸 문명은 직선입니다. 그러나 본래 자연은 곡선입니다. 인생의 길도 곡선입니다. 끝이 빤히 보인다면 무슨 살맛이 나겠습니까? 모르기 때문에 살맛이 나는 것입니다. 이것이 바로 곡선의 묘미입니다" 하시면서 "주어진 상황 안에서 포기하지 않고 자신이 할 수 있는 것을 찾는 것, 그것 역시 곡선의 묘미"라며 "때로는 천천히 돌아가기도 하고, 어정거리고, 길 잃고 헤매면서 목적이 아니라 과정을 충실히 깨닫고 사는 삶의 기술이 필요하다"고 강조하셨다.

곡선은 직선과 달리 변화와 기울기를 품고 있다. 불확실성을 담고 있다. 그래서 곡선의 모퉁이를 돌아 나아갈 때 어떤 것이 기다리고 있는지, 혹은 무슨 일이 벌어질지 누구도 알지 못한다. 모른다는 것은 두려움도 있지만 설렘도 있다. 그래서 살아가는 것이 아니겠는가. 만일 인생이 직선이라서 끝이 빤히 보이고, 심지어 내가 언제 죽을지까지 안다면 삶에 희망과 기대를 갖기는 어려울 것이다. 마치 시간여행 능력을 갖게 된 사람이 과거로 돌아가서 이미 살아본 자신의 삶을 똑같은 모습과 궤적으로 한 번 더 살아야 하는 느낌일 것이다. 맥이 빠지고 지루할 것이다.

부침浮沈이 있고 마음먹은 대로 펼쳐지지 않는 것이 인생이다. 이제 50대 후반으로 들어서고 있는 나에게도 인생은 계획하고 의도했던 것보다 '내가 왜 여기에 있지?'라는 생각이 들 정도로 처음에 생각했던 좌표에서 꽤 벗어나 있는 느낌이다. 비교적 수월하게 지난 세월도 있었지만, 때로는 많이 아프고 고통스럽기도 했던 시간도 있었다. 지금도 나는 인생의 또 다른 전환점을 지나면서 불확실한 항해를 계속하고 있다. 여전히 삶에 대한 희망과 기대를 갖고서 말이다.

나의 곡선 인생길

1984년 2월에 직장생활을 시작한 이후로 2015년 7월 네덜란드계 회사인 콜비온 퓨락Corbion Purac의 한국 지사장을 퇴직하기까지 지난 31년 동안 다섯 군데의 직장에서 근무했다. 30대 중반에 3년 정도 개인 사업을 한 것을 빼면 이직하는 사이에도 공백기 없이 촘촘하게 사회생활을 했다. 한국 회사에서도 근무하기도 했지만 주로 듀폰Du Pont, 몬산토Mosanto 등 외국계 다국적 기업에서 근무했다. 마지막으로 다녔던 콜비온 퓨락에서는 만 12년을 근무했다. 외국계 회사의 지사장으로 12년을 근무한 것은 꽤 장수한 편에 속한다. 외국계 회사에서의 한국 CEO 또는 지사장으로서의 평균수명을 딱 잘라 말할 수는 없지만 5년 2개월이라는 통계를 본 적이 있기 때문이다.

내가 장수할 수 있었던 비결은 몇 가지 이유가 있겠지만 아무래도 국내 사업의 지속적인 성장과 성과가 가장 큰 이유일 것이다. 어느 기업도 성과가 제대로 나오지 않으면 기다려주지 않는다. 더군다나 갈수록 첨예해지는 무한경쟁의 비즈니스 환경 속에서는 더 말할 나위가 없다. 그러한 상황에서도 내가 지속적인 성장을 거둘 수 있었던 이유는 담담한 마음과 자세에 있다. 이 담담한 마음에 대해서는 다음 장에서 구체적으로 다루고자 한다.

　친구나 주변 사람들은 왜 잘나가는 회사에서 '자발적'으로 사직서를 내고 나왔는지 무척 궁금해했다. 희망퇴직이나 강제퇴직이라는 명목으로 직장에서 내몰리는 요즘의 상황에서 스스로 회사를 그만두었다니 더욱 놀라는 듯하다. 내가 회사를 그만둔 가장 큰 이유는 삶의 색깔이 점점 바래고 있음을 느꼈기 때문이다. 지사장으로서 12년 가까이 근무하다 보니 모든 것에 너무 익숙해져서 그냥 놓여진 트랙에 얹혀 가고 있다는 생각이 들었다. 50대 후반의 나이로 다가설수록 더 늦기 전에 새로운 일을 찾아 시도해봐야겠다는 결심이 선 것이다.

　31년 남짓의 직장생활에는 큰 부침도 있었고, 어려움 속에 헤매던 시기도 있었고, 안정된 시기도 있었다. 하지만 부침의 반작용으로 삶에 대한 교훈과 지혜를 더욱 크게 깨닫는 시간도 얻었고, 어렵고 힘들고 또 즐거웠던 경험을 토대로 이 책을 통하여 삶에 대한 자세와 생각을 정리하고 나눌 수 있는 계기도 얻었으니 그 모든 시간들이 결코 헛되지 않았음을 다시 한 번 깨닫는다.

군자불기(君子不器)

군자불기君子不器는 『논어論語』의 「위정爲政」편에 나오는데, '군자는 한 가지 쓰임새에만 머물러서는 안 된다'는 뜻이다. 군자란 학식, 덕망, 지혜가 뛰어난 이상적인 인간상으로, 우리가 되기 위해 추구해야 하는 인물상을 의미한다. 일반적으로 그릇은 일정한 모양과 크기를 지닌 채 각기 다른 용도를 갖고 있다. 반찬 그릇은 반찬을, 밥그릇은 밥을 담는다. 따라서 군자불기는 군자란 한 가지 용도로 사용되는 그릇 같아서는 안 되고, 다방면의 것을 아우르고 감당할 수 있어야 한다는 의미인 것이다.

직업을 선택하고 진로를 정하는 데 있어서도 자신의 성향과 재능을 파악해서 결정하는 것이 가장 이상적이지만 90퍼센트의 사람들이 자신이 무엇을 잘하고 좋아하는지 잘 알지 못한다고 한다. 만인이 인정할 만한 특출한 재능을 갖고 태어난다면 더할 나위 없이 좋겠지만 그런 경우는 매우 드물다. 하지만 특출한 재능이나 자신의 존재감을 부각시킬 만한 소질이 없다고 해서 실망할 필요는 없다. 잘하고 싶은 것에 도전하고 계발해나가는 것도 방법이기 때문이다. 그런 관점에서 나의 얘기를 해보려 한다.

지금의 나를 보면 처음부터 가졌던 능력보다는 지난 30여 년의 사회 생활 동안 단련되고 만들어진 것이 더 많다. 영업이라는 일이 내 적성에 맞아서 시작한 것도, 내가 좋아하는 일이라서 시작한 것도 아니다. 단지 내 안에 형성되어 있는 틀을 깨고 싶어 내 성격상 불편한 일이지만 도전하고 시작한 일이었다. 그렇게 세일즈맨으로서 나만의 스타일과 특성을 구축하면서 지금까지 온 것이다.

'나는 누구다'라고 미리 스스로 규정짓고 못 박기보다는 열려 있는 유연한 마음자세로 한 발 한 발 나아가면 되지 않을까? 그 길이 처음에는 어색하고 불편할 수 있다. 하지만 여러 번 가다 보면 익숙해지고 접점의 빈도가 많아진다. 그러면서 자신이 원하고 목표하는 것들이 생긴다.

나는 지금 퇴직을 하고 글을 쓰고 있다. 나는 글을 길게 써본 적도 없고 전공도 이과 쪽이어서 글 쓰는 것과는 거리가 먼 사람이다. 그러나 새로운 지평에 도전하고 싶어 책을 쓰기로 결심했다. 나에게는 전혀 새로운 분야로의 도전이었지만 글을 쓰면서 새로운 세계와 만날 수 있었고, 머릿속에서 맴돌던 것들을 글로 구체화하면서 추가적인 생각과 사고를 불러오는 즐거운 경험까지 할 수 있었다. 즐겨 하던 독서도 단지 독자로서가 아니라 그 책을 쓴 작가의 입장에서 글을 따라가고 있었다. 좀 더 깊은 시각으로 작가의 의도가 무엇인지, 그리고 단어들이 엮

어져 문장으로 만들어지는 이음새까지도 꼼꼼하게 들여다보게 된다. 이러한 것들이 나에게 부담을 주는 것이 아니라 즐겁고 재미있다. 물론 책이 출판될 만한 분량과 내용으로 글을 쓴다는 것이 결코 쉽지 않은 일이었지만, 글쓰기 전에는 생각지도 못했던 시각을 갖게 되었고, 그동안 미처 깨닫지 못했던 자아를 일깨워주었다. 지금은 퓨전과 융합의 시대이다. 자신을 한곳으로 규정지을 필요는 없다.

어느 날 춘천에 있을 때 TV를 켰는데 우연히 춘천 MBC의 〈나는 산다〉라는 프로그램을 보게 되었다. 중학교 2학년 남학생의 얘기였는데 음악을 너무 좋아하고, 또 남다른 소질이 있어 초등학교 때부터 음악을 따로 공부하면서 여러 악기를 배우고 작곡도 할 정도의 실력을 갖고 있는 아이였다. 그런데 본인은 음악에 더욱 정진하고 싶어서 해외로 유학을 떠나든지 아니면 음악 공부만 하고 싶어 학교를 그만두고 싶어했다. 부모님도 아이의 진로에 대해 고민이 많아 보였다. 그 와중에 모 대학교의 유명한 음악과 교수님과 프로듀서를 만나 아이의 재능에 대해 진단도 받고 진로에 대한 조언을 듣는 시간이 있었다.

교수님의 조언 중에 마음에 와 닿는 부분이 있었는데 그 요지는 "음악만 아는 사람이 되지 말고 음악만 해도 되는 사람이 되어라"라는 말이었다. 음악에 대한 공부나 노력을 계속해 나가지만 문학, 미술, 과학, 스포츠 등 다른 분야의 공부와 경험도 중요하니 두루 다방면의 공부와 경험을 한 상태에서 음악만 해도 되는 사람이 되어야지, '오로지 음악만 아는 기능인이 되지 말라'는 조언이었는데 매우 공감이 갔다.

사람 일은 모르는 것이다. 다른 분야의 공부를 하다가 음악보다도 더 좋아하는 것을 만나게 될지도 모른다. 그리고 음악가로서 계속 진로를 열고 나아갈 때도 다른 분야의 지식과 경험이 창작을 하는 데 많은 도움이 되어줄 것이란 생각이다. 그 학생은 아직 어리기 때문에 세상은 열려 있다. 나도 개인적으로 그 학생에게 많은 것을 경험하고 충분히 알아간 후에 무엇을 하며 살지를 결정해도 늦지 않다고 조언하고 싶은 생각이었다.

이것은 비단 학업을 하는 하는 학생이나 사회에 진출하기 전의 청년들에게만 해당되는 얘기는 아니다. 성인이 되어 직업을 갖고 한창 커리어를 만들어가고 있는 사람들에게도 현재 자신이 종사하는 일의 분야뿐만 아니라 다른 영역에도 관심을 갖고 지식과 경험을 넓혀나가기를 추천한다. 일만 아는 기능인의 범주를 넘어서라는 뜻이다. 서로 관련되어 보이지 않는 일이나 활동도 새로운 아이디어를 갖는 시너지를 내거나, 내가 주력으로 삼는 일의 전공 분야에도 더욱 힘을 실어줄 수 있기 때문이다. 외곬으로 하나에만 집착하는 것은 점점 더 다양화되고 복잡해지는 지식정보화 사회에서는 정체를 넘어서 퇴보로 이어진다. 예를 들어 직장에 다니면서도 그림이나 음악 같은 예술에도 관심을 갖고 활동을 한다든지, 특별한 활동을 위한 모임에 나간다든지, 아니면 주말에 텃밭을 가꾸면서 작물을 재배한다든지 등 다양한 활동을 모색해볼 수 있다. 이 같은 활동을 병행하는 것은 뇌 안의 전두엽을 활성화시켜 자신의 생각과 사고의 폭을 넓혀주고 유연하게 해준다.

선택에는 정답이 없다

우리는 살아가면서 불가피하게 선택의 기로에 서게 된다. 보통 사람들이 맞게 되는 가장 중요한 선택은 무엇일까? 개인적으로는 두 가지가 아닐까 생각한다. 하나는 직업을 선택하는 것이고, 두 번째는 배우자를 선택하는 것이다.

자신이 잘하는 것 좋아하는 것, 두 가지 측면이 다 맞아떨어지는 일을 직업으로 선택한다면 가장 이상적이고 행복한 경우일 것이다. 좋아하고 잘하는 것을 직업으로 가진다면 열정이 저절로 생긴다고 하지 않던가. 그러나 현실적으로 그러한 사람이 얼마나 될까? 천부적인 재능을 갖고 태어나서 그것을 잘 계발하여 경지에 다다른 사람들은 소수에 불과하다. 앞서 이야기하였듯이 나를 포함해서 대부분의 사람들은 자신이 무엇을 좋아하는지 무엇을 잘하는지 잘 모른다.

내가 어렸을 때 좋아하고 잘한다는 얘기를 들었던 것은 그림 그리기와 붓글씨다. 주로 그렸던 것이 만화를 따라 그리는 것이었는데, 내 나름대로 스토리를 넣어서 몇 장짜리 만화 등을 그려서 친구들한테도 보여주었던 기억이 있다. 그런데 당시 내 그림 실력이 매우 뛰어나서 친구들이 범접하지 못할 정도의 재능은 아니었다. 보통 친구들보다는 조금 나은 정도였던 것 같다. 붓글씨도 마찬가지였다. 공부도 뛰어난 학생이라기보다는 상위권에 속하는 정도였다. 그러다 보니 어느 한 가지라도 내 인생을 건 목표를 세울 만큼 몰입하게 되는 것은 없었다. 체육을 빼고는(체육 종목은 아예 재능이 없었다) 다방면에 걸쳐 아주 빠지지도 않고, 그렇다고 아주 잘하는 것도 아닌 애매모호한 상태로 다 걸쳐놓은 모양이라고 할 수 있을 것 같다.

대부분의 사람들이 나와 비슷하지 않을까 싶다. 일단 '내가 좋아하고 잘하는 것은 무엇인가?'를 묻고 고민해볼 필요가 있다. 그런데 아무리 생각을 해봐도 그 답이 나오지 않는다면 그 생각으로 너무 오래 고민하거나 과도하게 시간을 들일 필요는 없다. 자책할 필요는 더욱 없다. 그냥 현재 당신에게 눈에 띄게 좋아하거나 잘하는 것이 없는 것뿐이다. 아니면 내면에 잠재해 있어 아직 드러나지 않았을 뿐이거나. 역설적으로 무엇 하나가 뛰어나게 특출나서 나의 영혼을 끌어당기는 것이 없다면 오히려 다방면에 걸쳐 가능성이 열려 있는 것일 수도 있다. 일단 손에 닿는 것부터, 기회가 오는 일부터 시작해보는 것이다. 하지만 여기서 중요한 것 하나! '아니면 말고' 식이 아니라 지금 이 순간은 최선을 다해 열심히 해야 한다. 해보면 안다.

세상일은 막연히 아는 것과 경험하고 나서 알게 되는 것에 큰 차이가 있다. 사람이 머릿속으로만 계산하고 인식하는 것에는 허점이 많다. 인생 선배들이 젊었을 때 많은 것을 경험하고 많은 곳을 다녀보아야 한다는 이야기를 많이 하는데, 이는 진짜 경험에서 나온 말임을 나 또한 살아보니 알겠더라. 그것이 무엇이 되었든 실제 해보아야 알게 된다. 자신의 성향과 스타일에 부합할 것처럼 보이는 일도 막상 그 일 속으로 들어가 보면 정작 기대와는 다른 경우가 종종 있지 않던가.

나는 어렸을 때부터 동물을 좋아했다. 동물을 쓰다듬고 사랑을 주며 교감하는 것을 좋아했다. 그래서 커서는 사육사가 되는 것도 괜찮겠다는 생각을 가진 적도 있었다. 그러나 실제 사육사들의 생활을 보면 만만치가 않다. 동물을 좋아해서 예뻐하는 것은 누구나 큰 어려움 없이 할 수 있다. 그러나 그 이면에는 동물들의 오물을 치우고 축사를 청소하고, 사료를 챙기고, 관람객 안전사고 방지를 위해 모니터링에 인공포육장에서 어린 새끼들을 돌보는 일까지……. 사육사들은 대부분 고된 업무에 힘들어한다. 특히 코끼리 같은 거대 동물들의 똥을 치우는 일은 그 냄새뿐만이 아니라 너무 무거워서 보통 중노동이 아니다. 이렇듯 거리를 두고 생각해보면 좋아하고 잘하는 것과 실제 일이나 직업 간의 괴리는 클 수가 있다. 반대로 자신의 성격과 기호에 맞지 않을 것 같았는데 실제 그 일을 하다 보니 의외로 자신과 많이 부합된다는 것을 깨닫는 경우도 많다.

정말 하고 싶은 일이 있고 목표하는 바가 확실하다면 설사 그 일이 지금 당신의 성격이나 기호에 부합하지 않는 것처럼 생각될지라도 성실히 임하고 노력해나가길 권한다. 그렇게 하다 보면 맞지 않을 것처럼 보였던 그 일과 자신과의 접점을 발견하게 되고, 일을 할수록 즐거움과 보람도 찾게 된다.

내 성격이 사람들과 잘 어울려야 하고 때로는 고객과의 사이에서 어려운 상황을 견뎌내야 하는, 어느 정도의 독기가 필요한 세일즈에 전혀 맞지 않을 것 같았다. 친구들의 우려도 많았고 나도 두려움이 컸지만 나의 소극적이고 내성적인 성격으로 인해 대외적인 일은 잘하지 못할 거라는 부정적인 틀을 과감히 깨고 싶었다. 그래서 연구직 대신에 영업직을 선택하고 도전했고, 매일매일 좋아하는 일처럼 최선을 다한 결과 그 일에 잘 적응하고 성과를 드러낼 수 있었다. 사람의 근본은 변하지 않겠지만 그 일을 통해서 내가 허물고 싶었던 내 안의 틀을 깰 수 있었고, 그로 인한 보람도 얻었다.

어느 술자리에서 고등학교 동창으로부터 들은 얘기인데, 세상에는 세 가지가 없다고 한다. 첫째가 '공짜', 둘째가 '비밀', 그리고 셋째가 '정답'이다. 세상의 많은 사람들이 기대하거나 지금도 열심히 찾고 있는 것이 아마도 정답이 아닐까. 우리는 살면서 무수한 선택의 기로에 놓인다. 좋든 싫든 언제나 선택을 해야 하는데, 사람들은 그 선택을 통해 얻어지는 결과가 항상 좋기를 원한다. 그런데 인생이 어디 그러한가. 결과가 좋아 보이는 선택을 했는데도 때로는 결과에 예상치 못한 반전이 있고, 어쩔 수 없이 손해를 보는 선택을 했는데 뜻밖에도 좋은 결과를 가져오기도 한다. 현실은 한 치 앞을 내다볼 수 없는 불확실성 투성이다. 정말 세상에, 삶에 정답은 없다.

박웅현의 『여덟 단어』라는 책에 다음과 같은 글이 나온다.

만물은 준비되어 있으니 나만 성의를 다하면 된다. 완벽한 선택은 없다. 옳은 선택은 없다. 선택을 하고 옳게 만드는 과정이 있을 뿐이다. 어떤 선택이든 정답은 없다. 그 남자랑 결혼하는 게 정답이냐, 아니냐? 유학을 가는 게 정답이냐, 아니냐? 어떤 선택을 하고 그 선택을 옳게 만드는 과정에서 제일 중요한 것이 '바로 돌아보지 않는 자세'이다.

다시 음미해봐도 선택에 대한 지혜로운 해석이다. 선택을 한다는 것은 과정의 끝이 아니라 또 다른 과정의 시작이다. 따라서 선택을 하고 나서 후회하는 것은 잘못된 시작이다. 선택에 대해 후회 없이, 결연함과 추진력을 가지고 최선을 다하면 될 것이다. 그 선택을 옳게 만드는 것은 뒤돌아보지 않고 전력투구하는 것뿐이다. 세상의 모든 일에는 되는 이유도 있고, 안 되는 이유도 있다. 어차피 '안 되는 이유'는 도움이 안 된다. 선택에 대한 '되는 이유'를 보고 앞을 보고 나아가면 될 것이다.

그런데 반드시 취하는 것만이 선택은 아니다. 버리는 것도 선택이다. 스티브 잡스Steve Jobs는 생전에 집중Focus의 중요성을 강조했다. 그가 애플로 다시 복귀한 후 프레젠테이션에서 "Focusing is about saying No",

즉 "집중의 필요조건은 No라고 말하는 것이다"라고 강조했다. 그가 애플에 다시 돌아와서 보니 좋은 인적자원에도 불구하고 18개의 다른 방향으로 사업이 분산되어 사업 경영이 엉망인 상태에 있었다. 마치 동물농장에서 여러 동물들이 서로 다른 방향으로 흩어지는 것과 같은 상황이었다. 집중이 절실한 시기였다. 집중을 위해서는 엄청나게 많이 'No!'라고 외쳐야 했고, 그 결과로 위대한 제품들을 만들어낼 수 있을 거라고 설파했다. 결국 그 이후 스티브 잡스는 다 아는 바와 같이 아이폰을 만들어냄으로써 전 세계인들의 삶의 패러다임을 바꿔놓았다.

스티브 잡스와 같이 거창한 얘기는 아니지만 일상생활에서도 단호한 거절은 필요하다. 실수라면 실수라고 할 수 있는 내 얘기를 해보려고 한다.

몇 달 전에 스마트폰을 바꾸러 집 근처에 있는 모 통신사 대리점에 갔었다. 대리점 직원과 상담 후에 새로운 스마트폰으로 교체했다. 거기서 끝이 났으면 좋았을 텐데 대리점 직원이 우리 집에서 어떤 회사의 인터넷을 쓰는지, 그리고 어느 회사의 IPTV를 쓰는지 물었다. 우리 집에서는 그 대리점이 속한, 같은 통신사의 네트워크를 사용하고 있었다. 그런데 같은 회사 것이라도 상관없고 우리 가족한테도 유리하니까 자기네 대리점을 통해서 바꾸라고 했다. 같은 통신사인데도 대리점끼리의 실적 경쟁 때문에 그런 것 같았다. 마음에 조금 걸리는 부분이 있었지만 계속되는 권유에 결국 수락을 하고, 바꾸기 위해 내가 무엇을 해야 할지 설명을 듣고 나왔다. 그런데 그 이후로 진행되는 일은 매우 불편하기도 하거니와 실제로 발생되는 비용이 설명과는 다르게 높게 나오고 두 대의 TV 중 한 대는 연결이 끊긴 것을 알고는 화가 났다. 이를 시정하려고 통신사의 본사와도 통화하고 대리점에 항의하는 등의 쓰지 않아도 될 시간과 노력을 낭비하는 꼴이 되고 말았다. 사실 나는 네트워크나 요금제 관련 용어도 익숙하지 않다. 대리점 직원이 전혀 예상치 못한 제안을 하면 소비자 입장에서는 완전하게 이해하지 못했어도 단지 유리하다는 말만 믿고 쉽게 가입하거나 사인을 하는 경우가 생긴다. 그러나 분명한 것은 대리점에게 유리한 것이지 소비자는 실제 손해를 보게 되는 경우가 생긴다. 이러한 경우는 내가 선택을 하는 것이 아니라 선택을 강요당하는 꼴이 되고 결국 끝도 좋지 않다.

살아가면서 누구나 실수를 저지르게 마련이다. 하고 싶지 않지만 큰 실수, 작은 실수로 점철되어 있는 것이 인생이 아닐까 싶다. 큰 실수는 돌이킬 수 없는 실패를 가져오기도 한다. 그렇다고 해서 평생 그 실수를 부끄러워하고 스스로 노여워하면서 거기에 머물러 있으면 안 된다.

소위 큰 성공을 이루었다고 알려진 사람들은 대부분 큰 실수의 경험을 갖고 있다. 그들은 단번에 큰 성취를 이루었다고 오해하기 쉽지만, 그들은 자신의 상상력과 아이디어를 행동에 옮기면서 남들보다 더 많이 실수를 한 사람들이다. 살면서 단 한 번도 실수를 하지 않은 사람은 그 어떤 시도조차 하지 않은 사람이다.

스티브 존슨Steven Johnson은 자신의 책 『탁월한 아이디어는 어디서 오는가』에서 "실수는 하나의 경로를 만들어낸다. 옳으면 제자리에 머물러 있게 된다. 하지만 틀리면 질문을 하게 하고 탐구를 하게 된다"라고 말한다. 남산에서 보는 서울 시내의 야경이 아름다운 것은 배경이 어둡기 때문이다. 실수 때문에 성공과 성취의 하이라이트가 더욱 도드라진다. 실수는 다른 가능성의 문을 두드리게 한다. 천 번 이상의 실험 끝에 세계 최초의 전구를 발명한 토머스 에디슨Thomas Alva Edison은 "나는 전구를 만들기 위해 천 번 실패하지 않았다. 다만 전구를 만들지 않는 천 가지의 다른 방법을 찾아냈을 뿐이다"라고 말하지 않았던가.

실수에 대해 사람들이 저지르는 치명적인 실수(?)는 사람들이 실수를 묵살하는 경향을 갖고 있다는 것이다. 실수를 무시하고 숨기려는 것은, 특히 회사와 같은 조직에서는 성장과 발전을 저해할 우려가 높다. 싱가포르 국립대학교의 마이클 프레제Michael Frese 교수는 회사에서의 '실수 문화'를 연구했다. 그는 '실수 예방'과 '실수 관리'에 대해 설명한다.

실수 예방은 실수 자체를 하지 않는 것을 강조한다. 반면 실수 관리는 실수는 어떻게든 벌어질 수밖에 없으므로 실수를 일찍 발견하고 빨리 교정하여 부정적 결과를 줄이는 것을 강조한다. 그 결과 실수 예방을 강조하는 곳에서는 실수에 대해 비난하고 그걸 감추는 문화가 생기고, 실수 관리를 강조하는 곳에서는 실수를 공유하고 학습하려는 문화가 생긴다. 그러다 보니 그 기업의 혁신 정도가 더 높고 수익성이 더 높은 것으로 나타난다. 실수가 없으면 학습하지 못하기 때문이다. 실수 관리를 하는 문화일수록 학습을 더 잘한다.

나의 경우에도 크고 작은 실수를 저질렀고, 그로 인해 대가를 치르고 고생을 하기도 했다. 하지만 해서는 안 되는 실수나 실패의 경로가 살아가는 데 있어서 꼭 필요한 삶의 지침을 만들어주었다. 또 무엇이 중요한지, 무엇이 사막의 신기루같이 부질없는 것인지 분별할 수 있게 해주었다. 이를 통해 인생의 중심을 잡게 해주고, 단단하고 흔들리지 않게 주변 상황에 대처하고 앞으로 나아갈 수 있는 내공을 키우는 데 큰 힘이 되었다.

Chapter 2

담담(淡淡)하면 총명해진다

담담한 마음이란 무엇인가

내가 인생의 신조로 삼는 말 중 하나가 '담담淡淡한 마음'이다. '담淡' 자는 '물 수水' 변에 '불 화火' 자가 두 개가 겹쳐 있다. 불과 물은 상극인데 하나의 글자로 모아져서 '맑다'는 의미의 한 자어가 된다. 물과 불이 만나면 강하고 기가 센 불도 한 자락의 연기만 남긴 채 스러지고 만다. 그런데 그 단어를 좋아하게 된 계기가 있다.

내가 30대 중반에 개인 사업을 하던 시기였는데, 어느 날 현대 서산 간척지에 업무차 간 적이 있었다. 잘 알려져 있다시피 서산 간척지 공사와 관련하여 유명한 일화가 있다. 둑을 막는 공사 막바지에 좁아지는 둑의 공간 때문에 물의 흐름이 빨라지자 메우는 흙들이 물살에 쓸려가 자리를 잡지 못하는 상황이었다. 그렇게 둑을 메우지 못하고 애를 먹고 있을 때 정주영 회장이 기막힌 발상을 내놓는다. 조선소에 있는 폐선을 끌어다 좁아진 공간에 막아 세움으로써 물살의 흐름을 차단하고 성공적으로 공사를 마무리지었다는 이야기다. 지금도 있는지 모르겠지만 그날 그곳에 갔을 때 폐선으로 막았던 자리에 돌로 세워진 기념비를 본 기억이 있다.

그때가 아마도 1996년쯤이었을 것으로 기억한다. 그 당시 서산 간척지에서는 주로 논농사를 짓고 있었는데 땅에 염분 농도가 높다 보니 일반 논에서는 보기 힘든 '매자기'라고 하는 잡초가 극성을 부리고 있었다. 그곳에서는 매자기를 효과적으로 제거하는 방법을 찾고자 골머리를 앓고 있었다. 나의 방문 목적이 매자기 잡는 법을 제안하고 시험을 의뢰하러 갔던 것으로 기억하고 있다. 그 일로 서산 간척지 A지구 사무실에 들렀는데 우연히 사무실 벽에 걸려 있던 정주영 회장의 친필 글을 보게 되었다. 그 글을 보는 순간 나는 쇠망치로 머리를 맞는 듯 큰 울림을 받았다.

글은 "담담한 마음을 가집시다. 담담한 마음은 당신을 굳세고 바르고 총명하게 만들 것입니다"라는 글귀였다. 세련된 서체는 아니었지만 획 하나하나에 힘이 느껴지는 친필이었다. 당시 나는 하고 있는 사업이 엄청나게 꼬일 때였다. 마음은 피폐하고 온갖 걱정거리로 머릿속은 터져나갈 지경이었다. 사업도 어려웠고 마음과 생각이 담대하지도 여물지도 못하다 보니 그 고통과 번민을 고스란히 얼굴 표정에 달고 다녔다. 가족들에게도 말 한마디가 곱지 않았기에 집사람이 가장 힘들어했을 것이다.

그런데 액자 속의 글을 보는 순간 나는 그 의미가 무엇인지 바로 이해가 되는 것 같았다. 내가 총명해서가 아니라 내 처지를 빗대어 얘기한 듯한 그 말의 느낌이 그대로 마음으로 와 닿은 것이다. 초라하고 궁색한 나에게 '왜 그리 바보처럼 중심을 못 잡고 어지럽게 사느냐'고 꾸짖는 말 같았다.

사람들은 보통 오만 가지 걱정을 안고 산다고 한다. 매일매일 걱정과 불안으로 속앓이를 하면서 살아가는지도 모르겠다. 그런데 그 오만 가지 걱정 가운데 대부분이 부질없거나 현실에서 일어날 가능성이 낮은 것이란다. 사람들은 생기지도 않을 일이나 이미 일어난 일, 아주 사소한 일들을 걱정거리의 96퍼센트로 안고 살아가고 있다는 것이다.

나이 드신 어머니는 매일 TV에서 쏟아져 나오는 밤거리 범죄 사건, 교통사고 뉴스를 보면 자식들 손자들 걱정에 마음이 편치 않으신 것 같다. 물론 걱정하는 부모님의 마음을 모르는 바가 아니나 뉴스에서 보도되는 사건들을 국민 각 개인으로 배분해본다면 한 개인에게 그러한 치명적인 사고가 일어날 확률이 얼마나 되겠는가. 실제 여기저기 교통사고가 매일 끊이지 않고 일어나지만 개인에게 일어날 확률은 그리 높지 않다. 극히 낮은 사고의 개연성 때문에 두려워서 운전하지 못한다면 이 세상으로부터 스스로를 가둬놓는 꼴이 될 것이다.

걱정거리와 번민으로 머릿속이 어지러워지면 아무리 머리가 좋고 능력이 출중한 사람도 그 재능과 능력을 십분 발휘할 수 없게 된다. '담담한 마음을 가집시다'는 말은 생각 없이 편한 대로 살라는 이야기가 아니다. 오히려 방향성을 만드는 적극적인 말이다. 현명하게 문제의 우선순위를 판단해서 정리한 후 가장 중요하고도 시급한 문제에 집중하자는 것이다.

'삼고초려三顧草廬'로 유명한 삼국시대의 제갈량은 54세가 되던 해에 8살 아들을 가르치기 위한 글을 남겼는데 이를 「계자서誡子書」라 부른다. 제갈량은 「계자서」에서 "담박澹泊하지 않으면 뜻을 밝힐 수 없고, 고요하지 못하면 먼 곳에 이르지 못한다非澹泊無以明志 非寧靜無以致遠"라고 가르치고 있다.

'담박'이란 깨끗하고 고요함을 유지해 스스로 담담함을 유지하는 경지를 뜻한다. 이 '담박'이라는 말이 오늘날 중국인들이 가장 좋아하는 고사성어 중의 하나이고, 이 「계자서」에서 유래된 말이다. 중국 역사상 최고의 지혜로운 인물인 제갈량도 담백함이야말로 뜻을 명료하고 밝게 하는 데 있어서 최고의 덕목임을 강조하고 있는 것이다.

리더는 담담해야 한다

회사 내에서도 문제가 항상 끊이지 않고 일어나고 바람 잘 날이 없다. 제품의 수급 문제, 공급한 제품의 품질 클레임, 고객의 끊임없는 요구, 직원의 실수, 본사와의 이견 조율 등 매일 해결해야 할 일들이 끊임없이 생긴다. 이런 상황에서 리더의 위치에 있는 임원은 부하 직원들이 들고 오는 문제들로 머리가 어지럽다. 임원이 해야 할 일은 모든 상황과 내용을 취합하여 판단한 후 부하 직원에게 다음 행동을 지시하는 것이다. 만약 부하 직원들이 들고 오는 문제에 같이 휩쓸려서 중심을 잡지 못한다면 결국 그 부서 전체는 혼란스러워지고 방향을 잡지 못하게 된다.

2015년 10월 11일, 미국 팀과 인터내셔널 팀이 맞붙는 프레지던츠
컵 경기가 진행 중인 인천 송도 잭 니클라우스 골프장 18번 홀. 배상문
이 그린 주위에서 칩샷을 준비했다. 모든 눈이 배상문과 그의 상대 빌
하스(미국)를 주목했다. 미국 팀과 인터내셔널 팀이 동점으로 팽팽한 상
태에서 12번째 마지막 매치플레이(두 선수가 홀마다 스코어를 겨루는 경
기)였다. 17번 홀까지 1홀을 지고 있던 배상문이 18번 홀을 이기면 둘
은 동점이 되고, 지면 하스에게 승점이 넘어간다. 18번 홀의 결과에 따
라 인터내셔널 팀이 비기느냐 지느냐가 달려 있었다.

배상문은 신중에 신중을 기해 연습 스윙도 여러 번 하고 그린 경사도
도 직접 보고 와서 회심의 샷을 했다. 그런데 공은 그린에 올라가는 듯
싶더니 다시 굴러 내려왔다. 뒤땅을 친 것이다. 아마추어 같은 실수를
저지르고 말았다. 배상문은 머리를 움켜쥐고 풀썩 주저앉았다. 결국 배
상문이 패하면서 인터내셔널 팀이 한 점 차로 졌다. 배상문은 자신의
샷 하나로 전체 팀의 결과가 갈린다는 중압감에 생각이 너무 많아지면
서 자동화된 기술이 나오지 않고 엇박자가 나면서 타이밍에 오류가 생
기고 자신만의 리듬을 놓쳐버린 것이다.

리더가 자칫 오류를 범한다면 그것은 무엇 하나라도 버리지 않으려는 마음 때문이기 쉽다. 혹시라도 본인의 결정으로 결과가 잘못되었을 경우 본인이 감당해야 하는 책임 때문에 마음이 탁해지는 것이다. 판단의 과정은 담담해야 한다. 맑아야 한다. 버릴 것이 무엇인지 판단하고, 스티브 잡스가 얘기했듯이 집중의 과정은 수도 없이 'No'를 외쳐야 한다. 그러면 주어진 회사의 가용 자원을 가지고 무엇을 해야 할지 다음 계획이 선명하게 가닥이 잡힌다. 방향이 만들어진다. 그래서 임원을 '디렉터Director'라고 하는 것이다. 즉 '방향을 잡아주는 사람'인 것이다. 디렉터가 가져야 할 중요한 마음이 바로 '담담한 마음'이다.

그리고 설사 그 걱정거리가 현실에서 벌어지더라도 생각만 하고 고민만 하고 있으면 걱정거리는 더욱 커져서 두려움까지 크게 만든다. 문제의 당사자와 직접 부딪쳐보면 생각보다 그 심각성이 덜하고, 쉽게 문제 해결이 되는 경우를 여러 번 경험했다. 상상 속의 공포는 현실의 공포보다 더 큰 법이다. 따라서 머릿속으로 고민을 담고 번민하기보다는 내가 해결할 수 있는 것에 초점을 맞추고 행동으로 부딪치면 문제의 해결점을 만날 수 있다.

지난 회사에 있을 때 삼성전자에 들어갈 반도체용 용제의 원료가 본사인 네덜란드 공장에서 바닥이 난 일이 있었다. 고객들의 수요가 예상

보다 훨씬 늘다 보니 생산이 미처 따라가지 못하고 그로부터 6개월간 공급에 차질이 불가피해진 것이다. 심지어 어느 한 고객사에는 6개월간 전혀 공급할 수 없는 상황일 정도로 심각했다. IT산업의 속성상 시장 상황과 제품 개발이 빠르게 변화하다 보니 고객도 그렇고 우리도 그렇고 수요를 정확하게 예측하기가 쉽지 않다. 아무리 안전재고를 준비해놓는다 하더라도 때로는 갑작스런 수요 폭발로 애를 먹는 경우가 있다. 지난 회사에서는 그 원료를 삼성전자에 직접 공급하는 것이 아니라 중간에 전자재료회사에 공급하고, 그 회사는 용도에 맞게 용제 배합을 해서 삼성전자에 공급하는 것이었다. 다른 업계도 마찬가지지만 삼성이 최종 수요처인 전자분야에서, 특히 원료 공급에 차질을 빚는다는 것은 생각만 해도 자지러질 일이었다.

6개월간 한 톨도 공급할 수 없다고 고객에게 밝히는 것은 감히 입이 떨어지지 않을 위중한 일이었다. 그러나 고민을 한다고 해결될 문제가 아니었고 어쨌든 사실을 밝히고 서로 간에 할 수 있는 일을 찾아나가는 것이 최선이었다. 우리가 할 수 있는 차선의 옵션을 정리해서 고객사와 머리를 맞대고 협의하기 시작했다. 고객사는 처음에는 황당해했지만 현실이 현실인지라 같이 방법을 찾을 수밖에 없었다. 고객사도 언제 발생할지 모르는 위기 상황에 대비해 플랜B를 준비해놓고 있었기 때문에 시간은 걸렸지만 생각보다 쉽게 해결점을 찾아 결국에서는 위기 상황을 넘길 수 있었다. 처음에는 재앙으로만 생각되어서 온통 탁하게만 보였던 상황이 회피하지 않고 부딪쳐 행동으로 옮기니 결국은 맑아지고 문제가 해결된 것이다.

『아웃사이트 : 변화를 이끄는 행동 리더십Act like a leader, think like a leader』을 펴낸, 세계적인 경영대학원 인시아드INSEAD의 조직행동론 교수 허미니아 아이바라Herminia Ibarra는 "대가가 되기 위해서는 인사이트를 넘어서는 아웃사이트가 필요하다"고 설파한다. 인사이트는 사람들의 머릿속, 직감, 과거의 행동 등에서 비롯된다. 반면 아웃사이트는 밖에서 얻는 것으로 지금까지 하지 않았던 일을 하면서 얻어지는 통찰력이라고 얘기할 수 있다.

내가 몰랐던 것은 항상 밖에 있다. 밖으로 나가야 한다. 그래야 내 안의 지식과 외부의 새로운 것이 부딪히며 답을 찾는 과정이 작동한다. 혼자서 수십 시간 고민해봤자 얻을 수 없는 것이다. 혼자 골똘히 사색에 잠긴다고 답이 나오는 게 아니다. 조금 도움이 될지는 모르지만 얻을 수 있는 것은 그리 많지 않다.

무엇이든 나서서 행동하라. 그러다 보면 생각에 영향을 미치고 생각의 틀이 넓어진다. 리더십이 나온다.

팔이 닿는 일인지 분별하라

담담한 마음을 유지하고 총명하려면 한 가지가 더 필요하다고 생각하는데, 그것은 주어진 환경에서 '할 수 있는 것'과 '할 수 없는 것'을 구분할 줄 아는 지혜이다.

내가 개인 사업을 할 때에 1996년 영국에서 광우병이 처음으로 터졌다. 당시 나의 주력 사업 중 하나가 우골분(소뼈 가루)을 수입하여 식품회사에 공급하는 것이었는데 불운하게도 원산지가 영국이었다. 그 뉴스가 나가자마자 모든 고객들이 발 빠르게 그 원료 사용을 전면 중지하는 상황이 벌어졌고, 그 사업 자체가 바닥으로 곤두박질치며 깔끔하게 사라졌다. 내 개인적으로는 내가 왜 그런 상황을 맞아야 하는지 억울하고 납득도 되지 않았다. 그러면서 그 사업을 다시 되돌릴 수는 없을까 고민하며 여기저기 쫓아다니면서 우리 제품은 1,000℃에서 3시간 동안 회화시키기 때문에 광우병의 위험이 전혀 없다고 해명하고 다녔지만 결국 아무 소득 없이 상황은 종료되고 말았다.

사실 먹거리에 관한 한 조금이라도 미심쩍은 부분이 생기면 소비자는 실제 위해성이 있느냐 없느냐의 차원을 떠나 주저 없이 등을 돌린다. 소비자에게 먹거리는 매우 예민한 문제이기 때문이다. 나의 우골분 사업을 다시 회생을 시키느냐 마느냐는 이미 나의 능력 밖의 일이 되어버린 것이다. 만일 이 문제에 내가 계속 매달린다면 그것은 너무 어리석은 일이 아닐 수 없다. 그런데 사람 마음은 이미 엎질러진 물인 줄 알면서도 자꾸 매달리게 된다. 그 부분에서는 빨리 손을 떼고 감당할 수 있는 내 능력 안의 중요한 일에 집중해야 하는데도 감정적으로 그게 잘 안 된다.

실제 많은 사람들이 자신의 팔이 닿지 않는 영역의 것을 취하려 계속 헛스윙을 하면서 힘을 빼다가 결국은 탈진해버린다. 내가 아무리 열심히 해도 할 수 없는 것과 할 수 있는 것을 분별해내는 것이 비즈니스를 성공적으로 이끄는 또 하나의 지혜가 아닐까 싶다. 내가 할 수 있는 것, 내 팔을 뻗어서 움직일 수 있는 가능한 일에 집중한다면 그 일은 애초에 만났던 한계를 넘어서 파장을 만들고 나의 영역이 아닌 곳까지 영향을 미친다.

또 내가 할 수 있는 것에 집중하다 보면 전혀 의도치 않았던 곳에서 의외의 선물을 받기도 하고, 전혀 생각지도 못했던 일들이 벌어지기도 한다. 그리고 내가 안고 있는 문제가 내 영역과 범주를 벗어나 있는 것이라면 때로는 시간에 맡기는 것도 좋은 방법이다. 내가 어찌지 못할 문제를 가지고 머리를 쥐어뜯으며 스트레스를 받는 것보다는 시간에 맡기고 경과 추이를 관찰하면서 내가 무언가 할 수 있는 때가 오기를 기다리는 것도 현명한 방법이다.

　지난 30년 동안 비즈니스를 해오면서 항상 영어를 사용하는 일에 종사해왔지만 모국어가 아닌 이상 넘지 못할 벽이 있었다. 일반적인 기준에서는 영어를 잘하는 수준이고 실제 외국 사람들과 회의나 전화 통화를 하는 데 큰 어려움은 없으나, 때때로 그들만이 대부분이고 내가 혼자 끼어 있는 경우 그들의 속도와 표현으로 진행이 될 때는 집중하기가 어려울 때도 있다. 아무리 영어를 열심히 공부한다고 해도 모국어로 쓰는 사람이 아닌 이상 미치지 못하는 부분이 있다. 그리고 지금은 영어 공부를 위해 들이는 시간에 비해 실력 증진의 효과를 크게 기대하기도 어렵다. 스트레스 받을 일도 아니고 걱정할 일도 아니라고 판단했다.
　대신 내가 잘할 수 있는 부분에 초점을 맞추면 된다. 외국 사람들 앞에서 프레젠테이션이나 스피치를 할 때에는 어렵고 난해한 표현보다는 완벽하게 알고 있는 쉽고 정확한 단어로 명확하게 뜻을 전달하는 것이 더욱 소통을 잘하는 영어라고 생각한다. 나답게 나의 색깔로, 그러나 분명하고 명쾌하게 소통을 하는 것이 깔끔하다. 누군가로부터 미국 사람 뺨칠 정도로 영어를 잘하고 싶다는 얘기를 들은 적이 있는데, 나는 미국 사람 뺨치고 싶은 생각은 없다.

근육을 키우기보다는 뱃살을 줄여라

몽골제국의 초기 공신이었던 '야율초재耶律楚材'란 인물이 있다. 원래 요나라 사람인데 칭기즈칸과 오고다이칸 2대에 걸쳐 재상으로 봉직했다. 유비에게 제갈량이 있었다면 칭기즈칸에게는 야율초재가 있었다고 할 정도로 뛰어난 책사였다. 그는 천문, 지리, 수학, 불교, 도교 할 것 없이 당대 모든 학문을 두루 섭렵한, 그야말로 탁월한 식견을 가진 인물이었다.

야율초재는 나라를 다스리는 데 있어 '한 가지 이로운 일을 시작함은 한 가지 해로운 일을 제거함만 못하다'는 정치철학을 갖고 있었다. 새로운 사업이나 제도를 시작해서 백성을 번거롭게 만드는 것보다 원래 있었던 것 중에 해로운 일, 필요 없는 일을 제거하는 것이 백성을 위하는 길이라는 생각을 갖고 있었다. 상당 부분 공감이 가는 이야기다.

내 몸을 위하고 건강을 지키는 것도 마찬가지라고 생각한다. 술을 즐겨 하던 내가 요즘 술을 자제하면서 독서와 글쓰기에 집중하고 있는데, 어느 순간 좀 오래 앓고 있었던 왼쪽 어깨의 석회건염이 많이 호전되면서 어깨의 움직임이 눈에 띄게 부드러워지고 좋아진 것을 느꼈다. 그 이전과 달라진 것이라고는 술을 자제한 것뿐이었다. 그전에 약도 많이 먹고 주사도 맞아보았지만 어느 수준까지만 좋아지고 그 이상은 크게 개선될 기미가 보이지 않았다. 그런데 건강에 좋지 않은 습관을 자제하는 것만으로도 눈에 띄는 효과를 느낀 것이다.

내 친구들 중에 술과 담배를 즐기는 친구들이 있다. 그 친구들은 평소에 여러 가지 건강보조식품을 꼬박꼬박 챙겨 먹는다. 또 몸에 좋다는 음식만 찾아 다니며 먹고, 건강에 좋지 않다는 밀가루 음식이나 햄 등 가공식품은 먹으려 하지 않는다. 그런데 기본적으로 과음과 흡연의 생활습관을 바꾸지 않고 부수적인 건강보조식품과 좋은 음식을 챙겨 먹는다고 해서 건강이 좋아질까? '근육을 키우는 것보다 시급한 것은 불필요한 살을 제거하는 것이다'라는 말이 있다. 몸에 무슨 좋은 일을 할까보다는 불필요한 무엇을 줄일까가 더 중요하다.

사람들이 많이 알고 있는 미켈란젤로의 걸작 '다비드 상'에 관한 일화가 있다. 미켈란젤로가 다비드 상을 조각하기 위해 사용한 대리석은 조각에 적합하지 않은 돌이었다고 한다. 그 돌이 앞서 여러 훌륭한 예술가들 손에 넘어가기도 하였지만 모두 조각하다 중도에 포기하였다고 한다. 그런 돌을 가지고 최고의 걸작품을 조각한 미켈란젤로에게 놀란 사람들이 그 비결에 대해 물었다. 미켈란젤로가 답하기를 "나는 돌 속에 갇혀 있는 다비드를 보고 불필요한 부분만 제거했을 뿐이다"라고 하였다.

우리들도 마찬가지가 아닐까? 내 안에도 멋진 다비드의 모습이 있는데 불필요한 것들로 가려져 있는 것은 아닐까? 자기 비하, 회의, 남들과 비교하는 마음, 불필요한 걱정, 조바심 등의 부정적인 것들을 걷어내면 누구보다 멋진 온전한 자신이 있다. 이러한 불필요한 요소들을 제거하는 도구가 담담한 마음이다.

알아야 단순해질 수 있다

공부를 하는 것은 지식을 쌓는 일이기도 하지만 한편으로는 지식을 정제하고 불필요한 것을 줄이는 일이기도 하다. 모르면 표현할 때도 복잡해진다.

내가 20대 후반에 미국 다국적 기업의 한국법인에 다닐 때의 에피소드다.

매년 봄에 회사에서 야유회를 갔다. 회사 직원들뿐만 아니라 직원들의 가족까지도 초대 대상이었다. 어느 해 봄에 송추의 무슨 유원지를 갔던 것으로 기억한다. 잔디밭에서 미국인 직원의 가족들을 포함해서 몇 사람들이 배드민턴을 치고 있었는데 누군가 셔틀콕을 강하게 치는 바람에, 근처에 있는 간이천막 지붕위로 올라갔다. 나는 천막 안쪽으로 들어가서 셔틀콕을 바닥으로 떨어뜨리려 장대로 천장을 쳤고 마침내 바닥으로 떨어졌다. 그때 나는 영어로 바깥에 있는 사람들에게 알려야 했는데 영어 단어를 조합해서 말하려 하자 갑자기 머릿속이 복잡했다. 지붕인 roof, 배드민턴 공인 shuttle cock, 떨어지다인 fall, 바닥인 ground를 생각하고 있었는데 느닷없이 옆에 있던 네다섯 살 먹은 꼬마가 한마디 말로 상황을 종료시키는 게 아닌가. 그 꼬마가 한 말은 단지 "It's off!"였다. 우리 말로 하자면 '분리됐어' '떨어졌어'의 의미일 것이다. 나는 속으로 허망하고 겸연쩍었다. 영어 실력이 부족할 때 영어 표현이 복잡해진다. 우리나라 말도 상황에 대해 정확히 알지 못하면 말이 장황해지지 않는가.

두 번째 일화는 삼성에 다니는 분에게 들었던 얘기다. 어떤 사업안에 대해 200페이지가 넘는 보고서를 써서 상사에게 올렸다고 한다. 그 이후에 상사로부터 임원에게 보고해야 하니 10페이지로 보고서를 줄이라는 지시를 받았다. 나름 덜 중요하고 부수적이라고 판단되는 것들을 덜어내면서 어렵게 10페이지로 줄여서 다시 올렸더니 이번에는 이건희 회장에게 보고해야 하니 1페이지로 줄여서 다시 제출하라는 지시를 받았다고 한다. 원래 200페이지에 달하는 보고서를 1페이지로 줄이는 일은 보통 어려운 일이 아니다. 자신이 쓴 보고서지만 곱씹고 곱씹어서 그야말로 엑기스만 정리해서 1페이지짜리 보고서를 만들어 제출했다고 한다. 그룹의 회장이나 CEO는 바쁘기도 해서 그렇겠지만 단순화를 중요하게 여길 수밖에 없다. 그들이 결정해야 하는 것들은 대부분 줄이거나 빼야 하는 일들이다.

GE의 잭 웰치 전임 회장도 자신의 책상에 올라오는 모든 서류는 한 장을 넘기면 안 된다고 원칙을 정했다고 한다. 수백억 달러가 넘는 투자 건도 한 장의 보고서만 보고 의사를 결정했다.

스티브 잡스는 "쉬운 이야기를 어렵게 하기는 쉽다. 어려운 이야기를 어렵게 하는 것은 중간이다. 어려운 이야기를 쉽게 하는 것이 진정한 고수이다"라고 말했다. 단순화하기 위해서는 본질에만 초점을 맞추고 부수적인 것과 군더더기들은 버려야 한다. 그러려면 잘 알아야 분별할 수 있다.

남들은 나에게 관심이 없다

지인들의 자제가 결혼 적령기이거나 그 나이에 근접하다 보니 요즘 모임에 나가면 결혼식과 관련한 애기가 많이 나온다. 요즘 호텔에서 결혼식을 치르는 경우가 많다 보니 비싼 호텔 식사 비용을 감안할 때 축의금을 얼마나 내야 혼주에게 민폐가 아닌지 고민이 될 때가 있다. 몇 사람은 그냥 축의금만 내고 식사는 하지 않고 나온다고 했다. 혼주의 부담을 줄여주려는 배려라고 했다. 하객 입장에서 지인의 결혼식에 가서 축하의 마음을 전하는 것 이전에 불필요한 심적 부담을 갖게 되고, 혼주 입장에서도 큰 재력이 있지 않는 한 호텔 결혼식 비용을 감당하는 부담을 안게 되는 것이다.

그래서 어떤 이들은 정말 가까운 친지와 친구들만 초대해서 진정한 의미의 축하를 받는 작은 결혼식을 하는 것도 좋은 일이라고 말했다. 축의금을 받지 않더라도 전자의 경우보다 경제적 부담도 훨씬 덜하다는 것이다.

호텔에서 하는 화려한 결혼식을 많이 가보았지만 크게 기억이 남는 결혼식은 없다. 사람들로 붐비고 혼주들도 경황이 없어서 제대로 인사조차 나누기 힘들다. 어떤 경우에는 식사할 자리도 없어서 그대로 오는 경우도 있고, 혼주에게 눈도장만 찍고 빠져나오기 급급한 것이 대부분이었다. 남들에게 어떻게 보일 것인가에 집착하다 보니 결혼식의 규모가 점점 더 중요해진다. 타인의 시선을 과도하게 의식하고, 남들의 기준에 맞추어 사는 것은 매우 피곤하고 가엾은 일이다. 사람들은 나한테 큰 관심이 없는데 나 혼자서만 타인을 의식하며 스스로를 기만하고 힘들게 하는 것이다.

친구들과 놀러 가서 찍은 사진을 볼 때도 우리는 본능적으로 자신을 먼저 찾지 다른 친구가 얼마나 잘 나왔는지는 신경 쓰지 않는다. 친구나 지인에게 때로는 아쉬운 이야기를 해야 하는 상황이 닥쳤을 때 어떠했는가? 그 사람을 만나기 전에 무척 고민하고 주저하다가 어렵사리 만난다. 만나서는 이리저리 말을 돌리다가 결국 말을 꺼냈는데 상대방으로부터 돌아오는 말이 생각보다 모욕적이고 자존심을 심하게 긁는다. 집에 돌아와서는 잠도 못 잔다. 크게 상처를 받고 두고두고 마음속에서 잊지 못한다. 그런데 한참 세월이 지난 후에 그 사람을 만나 그 때 이야기를 해보면 상대방은 전혀 기억을 못 한다. 그 사람은 소금쟁이가 물 위를 걷듯이 아무 느낌의 무게를 두지 않는데 나 혼자 끙끙 앓고 힘들어한 것이다.

젊어서는 아무래도 남들을 의식하는 성향이 더욱 짙다. 좋은 직장, 명품 옷, 좋은 차, 브랜드 있는 시계 등 다른 사람들에게 과시할 수 있는 외관적인 것들을 소유하고 싶어한다. 제품 자체에 대한 만족도도 있기 때문에, 그리고 능력이 된다면 이를 반드시 나쁘다고 얘기할 수는 없다. 문제는 과도하게 남들의 시선이나 이목을 의식해서 갖추는 이들이다. 겉모습은 무리해서 꾸몄을지라도 그들의 내면은 갈수록 텅텅 비고 허탈해진다. 내 속이 여물고 단단해질수록 남을 의식해서 보여주기 위한 외적인 것에는 점점 눈길이 가지 않는다.

물론 나이가 들었다고 해서 완전히 초탈할 수는 없는 일이다. 지인으로부터 들은 이야기인데 내 또래의 남자가 대기업 임원으로 있다가 퇴직을 하게 되었다고 한다. 대개의 시간을 집에 있는데 주중에 택배기사가 배달을 위해 집에 오면 안방으로 숨는다고 한다. 전혀 알지 못하는 택배기사에게 자신의 초라한 모습을 보여주고 싶지 않았던 마음이 한편으로는 이해가 되기도 하면서, 스스로 자신을 초라하게 생각하는 그 모습이 안타까웠다.

그런데 나 역시 퇴직을 하고 집에 있으면서 주중에 음식물쓰레기나 재활용쓰레기를 버리는 것이 내 일이 되었는데, 쓰레기를 버리러 갈 때 엘리베이터에서 주민들을 만나면 처음에는 자격지심이 들었다. 30여

년을 항상 어딘가로 출근하려 아침마다 집을 나섰는데 갑자기 집에 있게 되니 한동안 적응이 되지 않았다. 하지만 이내 내가 가진 위축감은 부질없는 것이고 스스로를 초라하게 만드는 가엾은 행동이라는 생각이 들었다. 나는 더 늦기 전에 내가 해보고 싶었던 것을 하기로 마음먹고 회사에 사직서를 낸 것이고, 이제 온전한 나로서 살아가기로 결심한 것이다. 담담해져야 한다. 과거의 생각 프레임에서 벗어나야 한다. 그렇지 않으면 당당한 모습으로 새롭게 앞으로 나아갈 수가 없다.

지금까지 회사에서 지위를 가진 누군가로서 살아오다가 레테르가 떨어진 자신의 모습을 감당하기 쉽지 않을 것이다. 온전히 자신으로서 살아보지 못한 결과가 아닌가 싶다. 어딘가에 소속이 되어 타이틀을 달고 다닐 때에만 자신에게 의미가 있고, 자연인으로서는 자신은 남들로부터 숨고 싶은 하찮은 존재가 되어버린 것이다. 허울일 수 있는 껍데기에 가려진 '나'가 아니라 껍데기를 벗어버렸을 때의 온전한 자아를 돌아보아야 한다. 그러려면 맑아져야 한다. 담담해져야 한다. 그래야 앞으로 나아갈 수 있다.

Chapter 3

날로 먹는 것은 없다

무지(無知)가 무모함을 낳는다

'지식이 없으면 손해 볼 일이 많다. 지혜가 없으면 괴로울 일이 많다'라는 말이 있는데, 나의 30대를 두고 하는 말인 것 같다. 30대는 나의 경력 중 가장 변화가 많았던 시기다. 잘 다니던 외국계 다국적 회사를 그만두고 새로운 직장에서 3년여 일한 후에, 35살에 개인 사업을 시작했다. 하지만 3년 만에 사업을 접고 다시 직장 생활을 시작하게 됐다. 인생에서 가장 굴곡진 시기였고, 그로 인한 괴로움과 심적 고통이 가장 심한 때였다.

또 아쉬움이 많이 남는 시기다. 알량한 자만심, 즉흥적인 결정과 무원칙적인 태도로 소모적인 삶을 살았던 것이다. 자신을 다스리고 역량을 키우는 공부는 하지 않으면서 궤도를 이탈해서는 불안해하고 스스로를 망가뜨리는 시기였다. 한마디로 고삐 풀린 망아지였다. 야심은 있지만 겁은 많았던 시기였다. 생각과 사고의 골격 없이 연체동물처럼 흐물흐물하고 중심을 잡지 못하고 있었다. 그러면서 세상을 쉽게 보았다. 지금 되돌아보면 그때 나에게 삶의 멘토나 스승이 있었다면 실수나 그릇된 판단을 많이 줄일 수 있었을 텐데 하는 아쉬움이 있다. 멘토나 스승이 아니더라도 나의 생각과 자세에 대해 스스로 많이 공부하고 단련해야 한다는 것을 깨달았다면 그렇게 헤매지는 않았을 것이다.

살면서 누구나 실패를 한다. 그리고 다시 마음을 다잡고 새로운 시작을 한다. 여기서 중요한 것은 뭔가를 새롭게 시작하고 성장하려면 그에 맞는 경험과 내적 준비가 있어야 한다는 것이다. 내적 준비란 새로운 도전을 능히 감당하고 운영해낼 수 있는 역량과 지혜를 키울 수 있도록 스스로 연마하고 다져나가는 자세이다. 그런데 그 당시 나는 준비가 되어 있지 않은데도 준비가 되어 있다고 착각했다. 아니, 준비가 필요 없다고 생각했는지 모른다. 그러나 그 결과는 혹독했다.

내 사업 실패의 원인은 여러 가지가 있지만 가장 큰 원인은 사업가의 마인드가 갖춰지지 않은 채 사업에 발을 디뎠다는 것이다. 최소한 사업을 시작한 후에라도 사업가의 자세를 키우려 노력했어야 했다. 그런데 그러지 않았다. 남의 밑에서 월급 받고 일할 때는 상사로부터 싫은 소리를 듣지 않기 위해서라도 주어진 일을 열심히 하게 된다. 직장인들이 갖고 있는 대표적인 마인드가 '기다리는 마인드'라고 한다. 퇴근 시간을, 월급날을, 휴가를, 상사의 지시를 기다린다. 최소한 벌이가 보장되어 있는 안정적인 프레임에서 기다리는 것에 익숙하다는 것이다.

그러나 사업을 시작하면 나를 지켜보고 평가하는 상사는 더 이상 없다. 그 누구도 나한테 이래라저래라 하는 사람이 없다. 자칫하면 편한(?) 생활을 탐닉하고 스스로를 방임하는 우를 범할 수 있다. 사업가는 스스로 자신을 엄격히 통제하고 단련할 수 있어야 한다. 기다리지 않고 앞으로 치고 나아가야 한다. 모든 일의 결과에 대해 책임을 져야 한다. 앞뒤 눈치 살필 겨를이 없다.

그런데 창업을 했다고 해서 갑자기 사업가 마인드를 갖게 되는 것은 아니다. 대부분의 사람들이 이 부분을 간과한다. 많은 사람들이 창업에 나섰다가 실패를 겪게 되는 이유도 여기에 있다고 생각한다. 기다리는 마인드로 사업을 운영하는 것이다. 고객이 찾아와주길 기다리고, 좋은 아이템이 나타나기를 기다리고, 행운이 찾아와 대박이 나길 기다리는 것이다.

물론 사업을 시작하는 이들은 모두 사전에 준비를 한다. 그런데 그 준비란 것이 대부분 관련 업종에 필요한 기능적인 측면에 맞추어져 있다. 즉 하드웨어에 집중되어 있다. 그런데 사업가 마인드는 소프트웨어라 할 수 있다. 안타깝게도 사업가 마인드는 학교나 기관에서 배울 수 있는 과목이 아니다. 설령 그런 교육기관이 있고 커리큘럼이 있다 하더라도 한계가 있을 수밖에 없다. 어느 정도 도움이 되기는 하겠지만 마인드는 몇 번의 교육에 의해 바꿀 수 있는 것이 아니다. 말 그대로 마음과 생각의 틀이 바뀌어야 하는 것이기 때문이다.

그래서 대부분 첫 번째 사업에서 쓰라린 실패를 맛본다. 그러나 절치부심하여 다시 도전하면 성공의 가능성이 높아진다. 왜 그럴까? 첫 번째 사업의 실패를 통해 값비싼 수업료를 낸 것이다. 첫 번째 사업 과정을 통해 소프트웨어, 즉 마인드의 재구성이 일어나 어떻게 해야 실패하지 않을지 생각의 골격이 잡힌다. 그리고 세상 이치가 적나라하고 살벌하게 부딪히고 작용하는 곳이 사업의 세계라는 것도 깨닫는다. 그렇다면 첫 번째 사업은 망하는 것을 전제로 시작해야 할까? 값비싼 수업료를 내겠구나 하고 생각해야 할까? 그렇게 생각하는 사람은 없을 것이다. 누구나 첫 번째 사업이 됐든, 두 번째가 됐든 성공할 것이라는 믿음으로 시작한다. 그 믿음을 유지할 수 있는 비결이 바로 사업가 마인드가 있느냐 없느냐의 차이다.

사업가 마인드는 어떻게 키워야 할까? 사업가 마인드는 자격증을 따듯이 어디에서 인증을 받을 수 있는 것이 아니다. 사실 사업가 마인드를 갖추기 위한 완벽한 준비란 없다. 먼저 사업가와 직장인은 생각과 행동의 기제 mechanism가 다르다는 것을 겸허하게 인지하고 깨닫는 것으로부터 출발해야 한다. 그리고 단련해나가야 한다. 굳이 하나의 단어를 고르자면 '내공'을 키워야 한다.

앞서 말했듯이 사업을 시작했다면 더 이상 나를 지켜보고 뒷받침해주는 사람은 없다. 혼자서 하는 사업이든 많은 수의 직원을 고용해서 하는 사업이든 결국 자신이 이끌고 나가야 하고, 스스로가 버팀목이 되어야 하는 외로운 자리다. 그 외로움을 버텨내고 혼자 있는 시간을 즐길 줄 알아야 한다. 그 시간을 생산적이고 창의적으로 만들 수 있는 내공이 있어야 한다. 혼자 있는 시간 속에서 사고의 집중력이 높아지고 창의성이 나온다. 혼자 있는 시간 속에서 풍요로운 고독을 즐기려면 독서가 필수다. 자신의 제한적인 경험과 지식을 더 큰 지혜로 확장시키기 위해서는 타인의 생각과 경험의 보고寶庫인 책을 읽어야 한다. 사고하고 생각하는 힘을 키울 수 있는 가장 쉽고도 중요한 방법이다.

처음 시작한 사업이 단기간에 성공을 했다면 더욱 중요한 것은 지속가능한 성공이다. 단기간의 집중된 노력과 운으로 초기에 성공을 거두고도 이를 지속시키지 못한 경우를 많이 보았다. 빠른 성공을 거둔 후에 그 성공을 지키지 못하고 결국 실패의 나락으로 떨어진 경우도 보았다. 돈 버는 것이 너무 쉬워 보이고 자신감이 과잉으로 충만해 계속 사업을 확장하다가 결국 더욱 큰 실패를 자초하거나, 또는 기존 성공한 사업을 잘 관리·육성해나가지 못해 무너지고 만 경우인 것이다. 이른 성공이 오히려 독으로 작용한 것이다.

지속가능한 성공을 위해서는 '인내'와 '절제'가 필요하다. 지속적이지 못하고 잠시 반짝하는 일회성 열정은 오히려 위험하다. 사업이 잘나가면 잘나가는 대로 자신을 가라앉히고 냉철하게 사리 분별할 수 있는 절제와, 사업에 어려운 순간이 닥칠 때는 고민과 압박의 시간을 참아낼 수 있는 인내가 필요하다. 이를 위해서는 생각의 힘과 근육이 필요하다. 그리고 독서를 통한 자기단련의 습관이 몸에 붙어 있어야 한다.

돌아보면 사업가 마인드는 반드시 사업을 하는 사람에게만 필요한 것은 아니다. 한 부서나 조직에서 리더로서의 역할을 수행하고 있는 직장인 또한 사업가 마인드를 키워야 한다. 더 나아가서 일반 개인들도 자신의 인생을 변화시키고 성공적으로 만들어나가기 위해서는 경영자적인 마인드, 사업가 마인드가 무엇보다 필요하다.

내가 사업을 시작할 때는 사업가 마인드에 대한 자각 없이 시작해서 그냥 열심히 하면 되겠지 생각했다. 모르니까 무모할 수 있었나 보다. 그러나 '무지'에 대한 대가는 엄청나게 컸다. 가장 왕성하게 사회적으로 성장할 나이인 30대에 내적 성장과 공부를 소홀히 하는 이유는 여러 가지가 있겠지만 무엇보다도 가장 큰 이유는 게으름과 핑계다. 물론 지금 30대는 많이 바쁘고 엄청난 격무에 시달린다고 호소할 것이다. 그러나 주변 상황의 논리로 둘러대는 것은 그렇게 설득적이지 못하다. 당사자의 간절함과 단호함으로 충분히 상황을 극복할 수 있기 때문이다. 기업 컨설턴트 센다 타쿠야는 자신의 책『서른, 성공하지 말고 성장하라』에서 다음과 같이 말했다.

인간의 본성은 어떤 '순간'에 처했을 때 여실히 드러난다. 예를 들면 하루를 마무리하는 시간인 '자기 전'이 그렇다. 성장하는 30대는 자기 전에 머리맡에 놓아둔 책을 단 한 쪽이라도 읽고 잔다. 아무리 바빠도 그들의 삶에 글을 읽지 않는 날은 단 하루도 없다. 하루 두 끼 또는 세 끼 식사를 하며 매일 몸에 영양을 공급하는 것처럼, 정신도 살찌울 수 있는 자양분이 필요하다.

30대가 되면 누구나 바빠진다. 그런데 그 바쁜 30대를 두 종류로 나누면, 책을 자주 읽는 사람과 전혀 읽지 않는 사람으로 구분할 수 있다. 신기하게도 조사 결과에 따르면 책을 조금만 읽는다는 30대는 거의 찾아볼 수 없다. 죽도록 많이 읽는 30대와, 죽도록 읽지 않는 30대만 있을 뿐이다. 죽도록 읽지 않는 30대 중에는 시간이 없어서라는 이유를 가지고 있는 사람들이 많다. 그런데 그런 사람들의 또 다른 공통점은 밤이 깊도록 PC 게임을 하거나 심야 방송을 챙겨 본다는 것이다.

나는 30대에 술 마시고 노는 데 탐닉했다. 워낙 술을 좋아하는 데다 학생 때 쪼들리는 환경에서 시달리다가 스스로가 돈을 벌기 시작하고 연봉이 좀 높은 곳에서 직장생활을 하다 보니 경제적으로 여유가 있는 생활이 너무 좋았다. 공부할 이유가 전혀 없었다.

게다가 우리나라 제도권 교육은 학생들을 학교라는 울타리 안에 가두어놓고 개인적인 자질이나 관심과는 상관없이 모든 과목을 일괄적으로 가르쳤다. 솔직히 가르친다는 표현보다는 점수를 따는 데에 필요한 내용들을 일방적으로 주입한 것에 가까웠다. 이러다 보니 배우는 즐거움이 끼어들 틈이 없었다. 이것은 대학 공부도 마찬가지다. 이러한 교육 환경은 학교 졸업 후에는 책 읽기를 싫어하게 되는 결과를 낳고 자발적인 학습에 대한 동기부여를 해주지 못했다. 물론 제도권 교육이 수많은 학생들을 대상으로 교육의 질과 깊이를 도모하는 데 한계가 있다는 것을 인정은 하지만, 어렸을 때 받았던 교육이 얼마나 낭비적이고 소모적이었는지를 깨닫고는 큰 아쉬움이 남는다.

또 어려서부터 주변에서 책을 읽는 사람을 본 적이 없었던 것도 이유 중 하나다. 옛날에는 다들 사는 형편이 어려워 먹고사는 문제가 최우선이었으니 책을 보는 여유를 갖기는 어려웠으리라. "책을 읽어본 적이 없기 때문에 책을 읽지 않는다"는 말이 있다. 학생 때 교과서 이외의 책을 본 적이 없다면 사회생활을 시작하고서도 지속될 확률이 높다.

자신의 무지를 깨달아야 한다

사람들은 자신에 대해 실제보다도 과대한 인식을 갖고 있는 경우가 많다. 즉 자신이 갖고 있는 객관적인 능력과 지적 역량보다도 스스로를 크게 평가하는 경우가 많다.

얼마 전 〈썰전〉이라는 TV 프로그램에서 출연자인 전원책 변호사가 대권 후보로 거론되고 있는 잠룡들에게 던지는 한마디로 "자기 그릇은 자기가 가장 잘 안다"로 마무리를 하려는데 바로 유시민 작가와 사회자가 딴지를 걸었다. 그렇게 얘기하면 잠룡들로 거론되고 있는 모두가 빠짐없이 대선에 나올 거라면서. 그러자 전원책 변호사가 마무리 멘트를 바로 바꿨다. "자기 그릇을 제대로 아십시오!"

사람들은 자신을 객관화해 평가하기가 쉽지 않다. 스스로에게 관대한 것이 인간의 속성이기 때문이다. 그런데 이러한 인식을 바탕으로 행동에 옮겼을 때 자기 자신은 물론이고 주변 사람들에게까지 피해를 주는 상황을 초래하기도 한다. 그 영향력이 클수록 그 피해 정도는 더 커질 것이다. 한 나라를 다스리는 대통령이란 위치는 본인에게는 명예일지는 모르나 나라의 운명을 책임지는 자리이니 만일 오류가 현실화됐을 때는 그 위중함이 오죽하겠는가.

흔히 자기가 알고 있거나 인식하고 있는 것이 맞다고 생각하는 경향도 매우 강하다. 일상생활에서 나만의 인식을 갖고 지레짐작으로 판단하다 보니 종종 실수를 하는 경우가 있다.

나는 자주 친구들을 만나러 부천시 상동을 간다. 서울 사는 나는 보통은 7호선을 타서 갈아타는 것 없이 한 번에 상동역으로 간다. 7호선을 자주 이용하다 보면 통과하는 역들 중에 눈에 띄는 것이 온수역이다. 7호선은 종점인 부평구청역까지 가는 것 아니면 온수역까지만 가는 두 경우만 있기 때문이다.

어느 날은 서울에서 1호선 급행 지하철을 타고 부천시 상동을 가게 되었다. 그러려면 중간에 온수역에서 7호선으로 갈아타야 한다. 급행 노선은 모든 역에 서지 않고 주요 역만 선다. 나는 지레짐작으로 온수역은 당연히 설 것으로 생각하고 확인 없이, 가는 내내 온수역에서 내릴 것만 신경을 썼다. 그런데 급행 노선은 온수역을 그냥 통과해버렸다. 아차 싶어서 확인해보니 급행 전철은 온수역에서는 서지 않는 것이었다. 그래서 다시 반대편으로 가는 전철을 타고 되돌아 갔고 친구와 약속 시간에는 늦어버렸다. 지레짐작하지 말고 1호선 급행이 온수역에 서는지 확인만 했더라도 그렇게 시간을 낭비하지는 않고 이른 시간에 약속 장소에 도착했을 것이다.

사람은 보이는 만큼 생각하고 상상한다. 일상생활을 통해서 보고 듣고 경험하는 것에만 갇혀 있다 보면 그 이상의 것을 생각하거나 상상하기가 어렵다. 아무래도 우리는 물리적으로 제한된 시간과 공간에서 직장 동료나 친구, 가족처럼 항상 만나는 사람들과 어울리고 직장이든 학교든, 일터에서 매일 비슷한 일과를 보내게 된다. 그러다 보니 고정된 생활의 프레임을 갖게 되고, 그에 따라 생각과 인식도 제한될 수밖에 없다. 그럼에도 자신은 이미 많은 것을 겪어봤고, 또 많은 것을 알고 있다고 생각하는 사람들도 꽤 있는 듯하다. 사실 사람이 품을 수 있는 물리적 공간과 사고적 범주는 우물 안 개구리 수준을 벗어나지 못하는데도 말이다.

2, 30대에 나 역시도 이미 많은 것을 알고 있다는 착각 속에 살았으니, 이러한 착각의 시기도 살면서 겪는 삶의 한 과정인가 보다. '무지無知의 지知', 즉 '나는 내가 모르는 것을 알고 있다'라는 말로 대변되는 소크라테스의 철학. 내가 많이 알지 못하고 모른다는 것을 깨닫는 것이 지혜의 출발점임은 두말할 필요도 없다. 이 무지無知의 깨달음을 얻는 길은 내가 아는 것이 많지 않다는 사실을 인식하고, 제한되고 갇혀 있는 생각과 상상력을 확장시키는 독서, 그리고 다른 생각과 경험을 가진 사람들과의 교류를 통해서 가능하다.

돈을 많이 벌어보겠다는 욕심으로 사업도 해보고 직장도 여러 번 옮기면서 내 삶을 계속 흔들어댈수록 내가 얼마나 무지한지 뒤늦게야 깨닫고 나 자신에 대한 인식의 오류를 실감했다. 사실 마흔 전에는 변변한 책 한 권 읽지 않았다. 마흔 이후에 책을 읽기 시작했는데 초기에는 글줄을 따라가기도 쉽지 않았다. 책의 맥락과 나의 시선이 겉돌기 일쑤였다. 집중해서 읽고 내 나름으로 재해석하고 내용의 즙을 내서 그 의미를 뇌에 각인시킬 수 있는 데까지는 시간이 꽤 걸렸다. 어디를 가든 가급적 대중교통을 이용하면서 빈 시간에는 책을 보려 애쓴다. 때로는 내용의 맥락보다도 문장의 수려함과 아름다움에 감탄하기도 한다. 이러한 배움의 즐거움을 젊었을 때 알았다면 얼마나 좋았을까! 모든 것은 항상 절실하게 필요한 시기를 한참 지나 그것이 얼마나 소중한지를 깨닫게 되니 이 얼마나 안타까운가.

요즘 우리는 복잡한 삶을 살아내느라 시간을 내기가 쉽지 않은 환경 속에 살고 있다. 이런 때일수록 자투리 시간이라도 배움을 위해 할애해야 한다. 현실에 압도당하면 안 된다. 가급적 현실을 통제하려 노력해야 한다. 현실에 압도당하지 않는 길은 공부의 끈을 놓지 않는 것이다. 지금부터라도 공부를 놓지 않고 관심 분야에 대해 강의를 듣고 독서하는 자세를 갖자. 지속적으로 자신에게 질문하고 자기성찰을 통해 한계에 도전해보자. 그로 인해 당신의 삶의 질은 찰지고 쫀득쫀득해질 것이다. 좋은 사람들이 주변에 모이고 운도 따라붙을 것이다.

찰진 인생은 배움에서 온다

지난 회사에서 직원들과 한 달에 한 권 책을 지정하여 같이 읽고 토론하는 프로그램을 진행한 적이 있다. 그러나 6개월 만에 포기하고 말았다. 직원들이 독서에 수동적이고 책을 읽는 습관이 배어 있지 않다 보니 책 속으로 들어가지 못하고 표피적으로 책을 읽고 있는 것을 알게 되었기 때문이다. 그러다 보니 책 내용이 뻔하다고 느끼고 자신의 삶과 연결시키지 못했다. 어떠한 느낌이나 감흥도 이끌어 내지 못했다. 사실 이 부분은 나 역시 독서를 처음 시작할 때 똑같이 겪었던 과정이지만, 어쨌든 그 허들을 극복하지 못하고 중지하고 말았다.

친구들 중에는 내가 책을 들고 다니면서 틈틈이 읽는 모습을 보고 이제 우리 나이에는 책을 보거나 공부할 필요가 없다고 얘기하는 친구들도 있다. 이 나이까지 살아오면서 겪을 것은 다 겪어봤고 알 만큼 안다고 생각하는 것이다. 그러나 한 인간이 아무리 나이가 들어도 세상 이치와 지혜를 다 알 수는 없지 않은가.

우리는 나이가 들면서 문호를 개방하는 것이 아니라 스스로 닫아버리고 있다. 이제는 스스로를 발전시킬 나이는 지났다고 보는 것이다. 설사 노후 준비가 다 되어 있더라도 삶에는 경제적인 부분 그 이상이 있다. 어쩔 수 없이 밀려드는 외로움과 고독은 어떻게 감당할 것인가? 나이가 들면 들수록 더 외로워질 것이다. 그런데 이때 느끼는 외로움은 고독과는 다르다. 외로움은 누군가를 그리워하는 감정이 내 안에 밀려와 쓸쓸함을 강요받는 느낌이지만, 고독은 스스로 통제하고 즐기는 감정이다. 외로움은 사회적이고 상대적인 개념이고, 고독은 절대적인 개념이다. 외로운 이웃이라는 말은 쓰지만 고독한 이웃이라는 말은 쓰지 않는다. 즉 함께 있고 싶은데 혼자 있는 것이 외로움이고, 내 존재의 가치와 의미를 성찰하고 싶을 때 자발적으로 선택하는 행위가 고독이라는 것이다. 온전히 혼자 있어도 독서를 통해 사색하고 자신의 내면과 대화하고, 나아가 그 사색의 결과를 글로 풀어낼 수 있다면 고독을 통해 즐겁되 외롭지가 않다. 때로는 말할 수 없는 만족감과 편안한 느낌이 찾아든다.

　나이 들어서도 배움의 열정을 놓지 않고 끊임없이 공부하는 어르신들의 공통점은 항상 밝고 긍정적이며 젊은 사고방식을 가지고 계신다는 점이다. 실제로 그분들의 표정에 활력이 넘친다. 그분들은 자신만의 활동을 만들고 추구하면서 산다. 나이가 들어도 삶에 대한 기대감이 있다. 이는 나이가 들면서 자칫 빠질 수 있는 무기력증을 경계하고, 여전히 생각과 행동의 활력을 유지하게 해준다.

나이가 들면서 특별히 노력하지 않고 잘 관리하지 않으면 나잇살도 피하기 힘들어지는데, 나잇살은 바람직하지 않은 곳에만 잘도 가서 붙는다. 자라지 말아야 할 것들이 자라고, 잘 자라야 할 것들은 자라지 않는다. 사람의 마음도 마찬가지이다. 지속적인 배움을 통해 마음과 정신을 잘 관리하지 않으면 불필요한 마음의 군살들이 엉뚱한 곳에 붙어서 바람직하지 않은 생각을 하게 한다.

작심삼일을 반복하라

살다 보면 심각한 위기가 닥칠 때가 있다. 몸을 심하게 다치거나 심각한 병으로 불구가 될 가능성에 직면하거나 생명을 위협받는 상황을 맞을 수도 있다. 또는 하는 사업이 심각한 지경에 이르러 망하거나 망하기 직전의 상황 같은 것일 게다. 대개 이런 상황을 맞으면 종교를 가진 사람은 자신이 믿는 신에게, 종교가 없는 사람은 마음속으로 절박하게 빈다. 이번 상황만 잘 넘어가면 모진 각오로 새사람이 돼서 열심히 살겠다고.

나는 위에서 말한 두 가지의 상황을 다 겪었다. 한번은 대학을 졸업

하고 장교 입대 전 체력 검사를 받다가 오른팔을 크게 다쳐 뼈 골절과 신경마비로 병원에서 수술을 받고 한 달간 입원한 적이 있었다. 의사 말로는 불구의 가능성이 60~70퍼센트라고 했다. 내 인생 절체절명의 위기가 아닐 수 없었다. 나는 마음속으로 제발 완치가 되게 해달라고 간절하게 빌었고 앞에서 얘기한 다짐과 맹세를 수없이 반복했다.

그런데 사람이란 얼마나 간사한가! 정작 그 상황에서 벗어나 몸이 정상을 되찾고 생활이 제대로 돌아가기 시작하면서 언제 그랬냐는 듯 옛날의 구태와 습관으로 돌아갔다. 한참을 지나서 다시 그때를 돌아보면 내가 얼마나 큰 축복을 받았는지 깨닫는다. 인간은 망각의 동물이다. 정말 심각한 상황에서 절박하게 다짐했던 결심도 쉽게 잊어버리는데 평상시에 느낀 깨달음이나 다잡은 마음은 어떠할까.

마음이 보통 단단하고 결기가 있는 사람이 아닌 이상 살다 보면 전체적으로 무뎌지고 물러진다. 그렇다면 결심이나 각오를 작심삼일로 만들어버리지 않기 위해서는 어떤 노력을 해야 할까? 그런데 이러한 질문이 잘못된 것이다. 작심삼일은 인간의 본성이기 때문이다. 시간이 지나면서 자연스럽게 결심은 흐려진다. 결심한 행동이 무뎌지고 멈춰 섰을 때 그것을 알아차리고 인정해야 한다. 그러고는 거기 그냥 놔두지 말고 알아차리는 순간 미루지 않고 바로 결심한 행동으로 돌아와야 한다. 다시 돌아가길 귀찮아하는 머리와 상관없이 몸을 던져야 한다. 퇴근 후 운동을 하기로 했는데 그날따라 피곤한 것 같고 가기 싫을 때 그냥 몸을 피트니스 센터에 던져본다. 막상 가서 운동하다 보면 오길 잘했다는 생각이 든다. 이러한 작심삼일의 과정을 반복하다 보면 물 흐르듯 결심한 행동이 이어진다. 중요한 것은 결심한 행동이 물러지고 멈춰 있을 때 도망가면 안 된다는 것이다. 이때 물러서면 완전히 없던 일이 되고 만다. 이때는 머리보다 몸이 먼저다.

읽고 감명을 받았던 책도 어느 정도 시간이 흐른 뒤에 다시 읽으면 마치 처음 접하는 책인 것처럼 그 느낌과 의미가 새롭다. 좋았던 책과 문장은 메모를 해놓고 틈나는 대로 다시 읽어보고 곱씹다 보면 점점 나의 문장이 되고 나의 표현으로 거듭난다. 뿐만 아니라 책 속에서 얻은 교훈과 지혜가 뇌리와 마음속에 반복해서 각인되면서 나의 행동과 태도에 녹아 들어간다. 잊지 않게 해준다. 불현듯 새로운 의문이 생길 때는 깊이 있게 파고들어 가본다. 나의 시각을 재해석하는 기회도 준다. 요즘은 '에버노트' 같은 온라인상의 메모 앱들이 나와 있어서 잘 활용하면 정말 유용하고 편리하게 쓸 수 있다. 이러한 상기想起 효과를 통해 단순히 아는 지식에서 머무르는 게 아니라 내 몸과 마음에 녹아들어 단단해지면서 행동으로 이어지는 추진력을 준다.

　같은 방향을 바라보고 행동으로 움직이는 사람들과 자신을 연결시켜 함께 어울리고 영감을 받는 것도 좋다. 2015년 8월에 초등학교 동창이 전화를 걸어와 서울시에서 운영하는 장년창업센터라는 곳이 있는데, 그곳에서 강의가 있다며 들어보자고 했다. 나는 강의를 듣고 배우는 것을 좋아하기 때문에 흔쾌히 응해서 센터에 가서 강의도 듣고 회원 등록도 하였다. 그 이후는 웬만한 강의는 혼자 가서 들었는데 대부분의 강의 내용은 창업보다는 '창직創職'에 관련된 내용이었고, 내용 또한 새로운 도전과 관련된 콘텐츠들이었다.

　창직이란 말이 아직 생소할 텐데, 기존의 회사나 시스템에 들어가서 그 안의 메커니즘에 나를 맞추고 일을 하고 기여하는 것이 아니라 자신만이 갖고 있는 재능과 경험, 경력을 잘 융합하고 콘텐츠를 정립하여 한 단계 진보하거나 틈새 영역에서의 사업 또는 직업을 만드는 것이다. 수업을 듣는 학생들은 나를 포함하여 대부분 머리기 반백이거나 머리 숱이 없는 5, 60대들이었다. 트렌드에 관련되거나 IT 기술처럼 현시대를 주도하는 부분에서는 나이든 사람들의 순발력이나 변화에 대한 대처 능력이 젊은 사람들에 비해 떨어질 수밖에 없다. 하지만 시대 흐름에 뒤처지지 않고 궤를 같이하려면 이제는 새로운 분야로의 도전에 마음을 열고 배워야 한다.

대부분의 강사 연령대가 30대였는데, 실제로 강의를 통해 배우고 느끼는 것이 정말 많았다. 그 강사들은 젊은 나이에도 불구하고 자신의 전공 분야 및 콘텐츠 관련하여 최소한 1~2권의 책을 쓰고 출판한 경력들을 갖고 있었다. 지나온 인생 경험을 바탕으로 책을 쓰려는 나로서는 많은 영감을 얻을 수 있었다. 오히려 이미 책을 낸 그들이 인생 선배같이 느껴졌고 그 열정에 내심 머리를 조아렸다.

이처럼 각이 잡혀 있고 열심히 살아가는 사람들을 접하다 보면 새로운 분야에 대해서도 배우고, 아이디어도 얻고, 삶의 자세에 대해서도 자극을 얻는다. 그들과 접점을 만들고, 교류를 유지하고, 연결을 만들어가는 것은 나의 각을 유지하고 생각을 발전시켜나가는 데 큰 도움이 되었다. 사람을 통해서 얻는 지식과 지혜, 그리고 동기부여는 항상 생동감을 불러일으키고 직접적으로 좋은 영향을 준다. 내 주위에 어떤 사람들이 있는지는 지금 내가 어떤 생각을 하고, 어떤 방향으로 나아가려 하는지를 대변해준다. 같은 목표와 방향을 가진 사람들과의 교류는 생각의 결을 유지·발전시켜주고, 그들과의 에너지 공유는 나의 에너지를 더욱 증폭시키는 효과가 있다.

Chapter 4

여기에 있는 지금이 전부다

내버려두면 엉키는 지금

나는 뭔가 심각한 문제가 있거나 마음에 앙금이 있으면 잘 떨쳐내지 못하는 스타일이다. 현재의 마음이 그것들에 사로잡혀 해야 할 일에 제대로 집중하지 못한다. 특히 2, 30대에는 그러한 성향이 심했다. 30대 중후반에 하던 사업도 망가지고 현실이 헝클어져 있을 때 매일 과거의 미망과 미래에 대한 걱정에 사로잡혀 지내다 보니 몰골도 말이 아니었고, 사는 것이 괴로움 자체였다. 무엇을 해야 할지 모른 채 방향 감각을 잃고 헤매었다. 악순환의 한복판에 있었다.

그런데 과거는 이미 벌어진 일이고 다시 되돌릴 수 없는 것이다. 또 미래는 무슨 일이 벌어질지 누구도 장담 못 하는 부분이다. 현재에 서 있으되 과거의 실수, 실패의 괴로운 기억, 또는 내일 걱정으로 내 머릿속이 어지럽고 혼란스럽다면 나는 현재에 온전히 있지 못한 것이고, 지금 하고 있는 일의 생산성도 그리 높지 않을 것이다. 이는 얼마나 어리석은 일인가. 바꾸지도 못할 지난 과거와 어떻게 될지 모르는 미래에 대한 걱정으로, 온 힘과 정열을 쏟아야 할 현재를 그르친다면 얼마나 어처구니 없는 일인가! 이것은 결국은 내일의 결과까지 좋지 못하게 하는 악순환을 만들 뿐이다.

물론 과거나 미래를 염두에 두지 않은 현재를 말할 수는 없다. 하지만 과거의 괴로움과 걱정거리에 빠져 새롭게 변화시킬 수 있는 현재를 놓쳐서는 안 될 것이다. 현재를 과거와 미래로부터 분별하는 지혜가 가장 필요하다.

가끔은 과거의 수치스러운 기억, 분노를 불러오는 기억, 괴로운 기억들이 마음에서 치밀어 올라올 때가 있다. 술 마시고 실수했던 일, 누군가에게 사기를 당한 일, 사업 실패로 흔들리고 고통스러웠던 기억……. 그로 인해 가끔씩 마음이 어지러워진다. 유지하고 있던 담담함이 깨진다. 돌이킬 수 없는 과거의 일인데도 그때 생각이 떠오를 때면 현재도 여전히 괴로워진다. 쿨하지 못한가 보다. 과거와 화해를 해야 한다. 과거의 실수나 실패는 다음 도전을 위한 교훈으로만 남길 뿐, 좋지 않은 기억들은 내 생각의 소화기관을 통해 배설해야 한다. 그래야만 현재가 가뿐하다.

　미래는 불확실성, 그 자체다. 통제되지 않는 변수가 많다. 나만 똑똑하고 열심히 하면 될 것 같지만 미래에 벌어지는 결과는 그 누구도 장담을 못 한다. 앞에서 얘기한 '담담하면 총명해진다'라는 의미와 맥을 같이한다. 내가 유일하게 통제할 수 있는 '현재'라는 순간에 하고 있는 일에 최선을 다하는 것, 그것에 가치를 두어야 한다.

내딛는 한 걸음에 집중하라

　　　영화 〈플래툰〉으로 잘 알려진 올리버 스톤 감독의 영화 〈애니 기븐 선데이〉(Any given Sunday)에서 미식축구팀 감독으로 나오는 알 파치노가 경기 전 락커룸에서 선수들을 모아놓고 연설을 하는 장면이 있는데, 그 대사는 다시 떠올려도 가슴이 뛴다. 알 파치노가 감독으로 있는 마이애미 샤크 팀은 연패에 빠져 있고, 선수들은 줄줄이 부상으로 실려 나가고, 구단주와의 갈등의 골은 점점 깊어지는 최악의 상황이다. 팀의 사활이 걸린 마지막 경기 전, 알 파치노가 그 특유의 허스키하고 걸걸한 목소리로 선수들에게 마음 깊은 울림을 주는 얘기를 쏟아낸다. 그중에 몇 마디만 추려보겠다.

인생은 1인치의 게임이란 걸 알게 될 거야. 풋볼도 그래. 인생이건 풋볼에서건 오차범위는 매우 작아서 반 걸음만 늦거나 빨라도 성공할 수 없고, 반 초만 늦거나 빨라도 잡을 수 없다.

우리는 그 인치를 위해 싸워야 해. 그 인치를 위해 주먹을 움켜쥐어야 해. 그 인치들을 합치면 승패가 바뀐다는 것을 우리는 알기 때문이지. 생사가 뒤바뀔 것이다!

You find out, life's a game of inches. So is football. Because in either game, life or football, the margin for error is so small. I mean, - one half a step too late, or too early, and you don't quite make it. One half second too slow, too fast, you don't quite catch it.

On this team, we fight for that inch. We claw with our

fingernails for that inch. Because we know, when we add up all those inches, That's gonna make the fucking difference, between winning and losing, between living and dying!

미식축구라는 스포츠가 됐건 우리가 살아내는 삶이 됐건, 사소하게 보이고 별것 아닌 것처럼 보이는 작은 인치^{inch}들에 의해서 삶이 성공과 실패의 갈림길에 서기도 하고, 경기에서는 1등과 2등으로 나뉘기도 한다. 특히 고도의 집중이 필요한 쇼트트랙이나 100미터 달리기 등의 스포츠에서는 골인 지점에서 0.01초대의 차이로 금메달과 은메달이 갈린다. 경기에서 그 차이를 만들어내기 위해 선수들은 평소에 뼈를 깎는 연습과 노력을 한다.

인생에서도 마찬가지다. 매일 실천하는 행동 속에서는 1인치의 차이만 보이지만 시간이 흘러서 그것이 축적되면 큰 차이를 이끌어내고 괄목할 만한 결과를 만든다. 성공이란 어느 한 번의 깨우침, 일회성의 대박, 자고 일어나 보니 스타가 되었다는 것이 아니라, 하루하루를 성공적으로 만들어가는 실행의 축적 결과인 것이다.

등산을 하다 보면 경사가 심한 곳을 오를 때가 있다. 보통 '깔딱 고개'라고 표현하는 곳이다. 깔딱 고개를 오를 때는 산의 정상을 쳐다보지 않는다. 가야 할 정상을 바라보면 남아 있는 거리와 높이만큼 힘이 빠진다. "저기까지 언제 가지?" 하며 한숨이 나온다. 가야 할 정상은 있으되 의식하지 않고, 위를 쳐다보지 말고 지금 내딛는 한 걸음, 한 걸음에 집중한다. 몸의 리듬을 맞춘다. 그렇게 올라가다 보면 어느덧 정상에 와 있다.

나는 개인적으로 등산을 좋아하는데 한 걸음씩 옮길 때마다 내 몸 속의 부질없는 생각을 주머니에서 툭툭 털어내듯 올라간다. 그러면 진짜 몸도 가벼워지는 듯하다. 내려올 때는 한 걸음 내디딜 때마다 감사의 마음을 하나씩 채워가며 내려온다. 그 감사의 마음은 내가 거뜬히 높은 산을 무리 없이 오르내릴 수 있는 건강에 대한 감사이고, 같이하는 친구들과의 교감에 대한 감사이다. 그러면 산에서 내려와서는 충만한 느낌이고 행복감을 느끼게 된다.

현재에 집중하란 것은 말처럼 쉽지 않다. 어찌 보면 도인의 경지에 있어야 가능하지 않을까란 생각이 들 정도로 어렵다. 내 마음을 온전히 현재에 두려 해도 부질없는 과거의 기억들이 불현듯 솟구치고, 미래와 현재 안고 있는 문제들에 대한 불안한 생각들이 시도 때도 없이 치고 들어온다. 부정적인 생각을 떨쳐내려 할수록 오히려 내 마음에 더 감기어 들어오는 것 같다. 생각의 엉킴에서 벗어나기 위해서는 노력하고 훈련해야 한다. 어떻게 하면 현재에 쉽게 집중할 수 있을까?

법륜 스님에 의하면 '어떻게'란 말은 적절치 않다고 한다. '다만 현재에 집중할 뿐이다'라는 것이다. "이것은 방법의 문제가 아니다. 뜨거운 불덩어리를 어떻게 놓느냐 하는 것은 방법의 문제가 아니다. 뜨거운 줄 알면 '앗, 뜨거!' 하고 그냥 놓는 것이다"라는 말씀이다.

뇌의 작동 체계상 내 머릿속에 각인되어 있는 과거의 일들이나 미래에 대한 걱정이 머릿속에 불현듯 떠오르는 것을 막을 방도는 없다. 단지 그러한 생각들이 떠오르면 다시 현재로 돌아오려고 전환을 시킬 뿐이다. 어떤 생각이든 그냥 떠오를 뿐이다. 우리가 통제할 수 없는 것이다. 신경정신과 의사인 전현수 박사의 조언은 같은 맥락이지만 조금 더 적극적이다.

"무엇을 하든지 현재에 집중하도록 노력해야 합니다. 집중하되 100퍼센트 집중하려고 노력합니다. 무엇을 보거나 들을 때 100퍼센트 보거나 들어야 합니다. 100퍼센트 집중하지 않으면 과거의 습성대로 과거와 미래에 대한 생각이 올라옵니다. 보통 우리는 100퍼센트 보지 않고 자기 생각으로 처리합니다. 만약 컵을 본다면 컵을 볼 때 '아, 컵이 있구나. 예쁜 컵이구나' 혹은 '미운 컵이구나' 하고 자신이 판단한 개념이나 살아오면서 경험한 것을 바탕으로 처리해버리지, 앞에 있는 컵을 있는 그대로 보지 않습니다. 컵에 대해 판단하거나 생각을 하는 동안에는 컵을 보고 있지 않은 것입니다. 오로지 보는 것만이 있을 때 100퍼센트 보는 것입니다. 이렇게 100퍼센트로 보면 과거와 미래로 가지 않고 과거와 미래의 영향에서 벗어납니다."

여기서 100퍼센트라는 말이 가슴에 와 닿았다. 나의 개인적인 생각으로 덧칠하지 않고, 80퍼센트, 90퍼센트가 아닌 100퍼센트로 있는 그대로 보고 집중하는 것이다. 그러면 잡생각이 끼어들 틈이 없다.

한편으로는 주말이나 여유 시간에 할 수 있는 취미활동을 권한다. 지금은 잘 하지는 않지만 골프를 꽤 오랫동안 했었다. 친구들과 골프를 나가서 주변의 산과 파란 잔디 앞에 서면 속세의 일들이 싹 잊혀진다. 18홀 플레이를 하는 동안 카트를 타고 이동을 많이 하지만 나는 가급적 많이 걸으려 한다. 샷을 하면서 날아가는 볼을 따라 잔디를 걸으면 그 시간만큼은 모든 상념과 걱정에서 벗어난다. 흠이라면 다른 운동에 비해서 돈이 좀 들어간다.

그런 면에서 등산은 돈도 크게 들이지 않고 운동도 되는 최고의 여가 활동이라고 생각한다. 숲이 우거진 산속을 걷고 오르다 보면 어느 순간

온전한 나만 남는다. 숨가쁜 호흡으로 들숨과 날숨이 깊어지면서 숲이 점점 내 안으로 들어오는 느낌이 전해진다. 그렇게 맑고 신선한 공기와 교합하다 보면 자연과의 일체감만 있을 뿐 부질없는 생각과 번민이 치고 들어올 틈이 없다. 앞에서 얘기한 것처럼 생각과 마음이 가벼워지고 감사로 채워진다. 몸이 힘들면 오히려 생각이 가뿐해진다. 반드시 운동할 때가 아닌 평상시에도 들숨과 날숨을 느끼면서 심호흡을 해보면 이 지구와 우주와 교감하는 느낌을 가져본다. 마음이 안정되고 편안해짐을 느낀다. 나는 명상을 배워본 적도 없고 해본 적도 없지만 이러한 느낌이 명상의 마음가짐이 아닐까란 생각이 든다.

꼭 등산이 아니더라도 평지를 걷는 것도 좋다. 개인적으로는 몸을 움직이는 것을 좋아해서 운동의 예를 들었지만 예술 분야나 창작활동을 취미로 둔 이들도 많을 것이다. 그림 그리는 동안이나 음악을 감상하는 동안은 내가 골프를 치고 등산을 하면서 가졌던 마음 상태를 가질 것이라 추측한다. 무엇이 되었든 취미활동을 하는 동안에는 일부러 하고자 해서가 아니라 저절로 탈상념과 탈번민의 상태로 들어서게 된다. 순수하고 온전한 자신으로만 존재하는 시간을 정기적으로 갖는 것은 부질없는 잡념과 엉키는 생각들을 빨리 떨쳐내도록 도와주고 심신을 건강하게 해준다.

현재에 있지 못하고 과거와 미래에 마음이 가 있다면 가장 소중한 현재를 잃는 것이다. 지금에 집중하는 것이 마음으로 가능하다면 일을 하는 데 있어서 효율성이 엄청 높아지는 것뿐만이 아니라 개인의 행복지수도 많이 올라갈 것이다. 한마디로 삶의 질이 달라질 것이다. 현재 내 호흡을 느낄 수 있는가? 들숨과 날숨의 찰나를 느끼고 만끽할 수 있는가? 행복해지는 가장 확실한 방법은 바로 현재에 집중하는 것이다.

일본 심리학자 기시미 이치로가 쓴 『미움받을 용기』란 책에서 에네르게이아energeia적 인생을 논하고 있다. 에네르게이아적 인생이란 과정 하나하나가 결과이고, 지금 하고 있는 것이 그대로 이루어진 상태로 본다는 것이다. 춤을 추듯 살라고 한다. 예를 들어 이집트의 피라미드를 가는 여행이라고 한다면 집을 떠난 자체가 여행이고 목적지를 향하는 과정을 포함하여 모든 순간이 여행이다. 에네르게이아적 관점에서 보면 인생은 언제나 완결되어 있다. 단순하고 각각의 찰나를 진지하게 살면 심각해질 필요가 없다. 인생 최대의 거짓말이 지금 여기에 살지 않는 것이다.

나는 여기에 이 순간에 충실하게 공들여 살고 있는가?

사람들마다 지금 이 순간을 보내는 모습은 모두 다를 것이다. 사무실에서 회의 자료나 기획안을 만들고 있는 사람, 회의실에서 고객과 상담을 하는 사람, 길을 걷고 있는 사람, 운전하는 사람, 수업 중에 있는 학생들, 집 안 청소를 하고 있는 주부, 주방에서 요리하는 요리사, 그림을 그리는 화가, 체육관에서 비지땀을 흘리고 있는 운동 선수들……. 이루 헤아릴 수 없는 다양한 모습으로 살고 있다. 다들 목적하는 바는 다르겠지만 그들 모두 현재를 살며 삶의 방향으로 나아가는 중이다.

나는 지금 글을 쓰고 있다. 글을 쓰는 춤을 추고 있다. 글을 한 줄 한 줄 써 내려가는 것이 과정이자 결과이고 그대로 이루어진 상태이다. 책이 출판될 때까지의 전 과정이 책을 내는 여정이다. 삶은 경주가 아니라 순간의 합이다. 순간순간이 무의미하면 그들의 합인 인생도 무의미해진다.

'현재'라는 시간은 선물이다

회사에 출근해서 하루 일과를 보내다 보면 여러 현안들을 처리하게 된다. 주요 고객과의 미팅, 본사에 보고서를 써서 보내는 일, 제품의 클레임 건 등 업무는 여러 일들이 혼재해 있다. 분명 각각 처리해야 하는 일들이지만 내 머릿속에서는 이 모든 일들이 엉켜 있는 경우가 많았다.

고객과 미팅 중에도 아직 미결인 다른 고객의 클레임 건이 머릿속에서 불쑥 떠오른다. 또는 본사에 써낼 보고서 내용이 갑자기 튀어나와 순간 머릿속을 어지럽힌다. 나는 고객의 회사에 와 미팅을 하고 있는데도 지금 당장 내가 어찌지도 못할 다른 현안들로 때때로 그 미팅에 집중을 하지 못했다. 반대로 보고서를 쓰고 있는 동안에는 다른 현안이 보고서 쓰는 것을 방해한다. 마치 책상에 여러 서랍들이 있는데 하나씩 여닫으면서 정리를 하지 못하고 여러 개를 동시에 여닫으면서 어지럽게 만드는 꼴이다.

나는 일주일에 서너 번은 피트니스 센터에 간다. 러닝머신에서 가볍게 조깅하는 것을 즐겨 하는데, 대개 사람들은 이어폰을 끼고 모니터의 TV를 보거나 음악을 들으면서 뛴다. 나는 뛰는 동안에는 오롯이 뛰는 것에 몸의 리듬과 호흡을 맡겨보라고 권하고 싶다. 아무래도 귀에 이어폰을 끼고 TV를 보거나 음악을 듣다 보면 뛰는 것에 온전히 집중하여 즐기지 못하고 방해를 받는다. 물론 뛰는 것이 지루하고 재미가 없을 수 있다. 그래서 음악을 듣거나 TV 시청을 하면서 지루함을 이겨내려는 것을 이해 못 하는 것은 아니지만 때로는 정신 사납고 산만하게 만든다. 마치 잡꿈들을 꾸면서 숙면을 취하지 못한 상태로 아침에 깨어서도 개운하지 못한 그런 느낌을 갖게 되기도 한다. 온전히 달리기에만 몸을 맡기다 보면 어느 순간부터는 오히려 몸이 가벼워지고 정신이 맑아지면서 호흡만 느끼는 지경이 온다.

회의를 할 때는 회의에 집중하고, 교육을 받을 땐 교육에 집중하고, 글을 쓸 때는 글쓰기에 집중하고, 뛸 때는 달리기 자체에 집중하여야 한다. 그냥 집중하는 것이 아니라 100퍼센트 집중하여야 한다. 차를 마실 때도 그저 차를 마시는 것에 온전히 집중한다. 그 순간에 즐겁고 행복감을 느낀다. 공연이나 영화를 볼 때도 100퍼센트 집중한다. 내가 주인공이 된 듯 착각에 빠져보기도 한다. 친구들과 술 한잔 하는 시간도 친구들과의 수다에 집중하여 즐거움에 치를 떨어야 한다, 내 호흡을 느끼면서 순간순간을 잘라서 느껴보면 내 몸이 행복으로 반응한다.

위대한 문호인 톨스토이Lev Nikolayevich Tolstoy가 죽기 2년 전에 쓴 책이 『살아갈 날들을 위한 공부』이다. 여기서 톨스토이가 주목한, 인생에서 중요한 또 한 가지는 '지금'이다.

우리가 진정으로 사는 것은 현재뿐이다. 우리에게는 과거를 기억하는 능력과 미래를 상상하는 능력이 있다. 하지만 이것은 현재의 일을 잘하기 위해서 주어진 것이다. 현재에 살아야 한다. 현재야말로 진정으로 우리에게 속한 전부이다. 삶이 곧 끝나버린다고 생각하며 살라. 그러면 남은 시간이 선물로 느껴질 것이다. 현재의 삶은 최고의 축복이다. 우리는 다른 때, 다른 곳에서 더 큰 축복을 얻게 되리라 기대하며 현재의 기쁨을 무시하고는 한다. 지금 이 순간보다 더 좋은 때는 없다.

팔십 인생을 굴곡진 삶과 영광스런 인생을 교차하며 살다간 톨스토이가 말년에 살면서 마음에 새겨진 지혜를 모아놓은 책에서도 '현재가 우리가 속한 전부다'라고 강조한다. 삶을 온몸으로 부딪치며 살아왔고, 세계인의 마음을 움직이는 수많은 저서와 대작을 남긴 그의 통찰도 '현재'라는 단어로 귀결된다.

우스갯소리로 CEO가 즐겨 하는 거짓말이 두 가지가 있다고 한다. 첫째는 "이 회사는 직원 여러분들의 것입니다"이고, 두 번째는 "조금만 더 고생하자. 1년만 고생하자"라는 말이란다. 기업의 생리상 CEO는 1년이 지난 내년에도 같은 말을 반복할 가능성이 매우 높다. 기업은 이윤 추구와 성장을 위해서 지속적으로 직원들을 독려하고 채근한다. 그러나 직원들이 지속적인 동기부여를 받아 에너지를 갖고 열성을 다

하려면 지금이 즐거워야 한다. 무조건적인 독려와 압박보다는 일을 하는 순간순간이 의미 있도록 회사에서 비전을 제시해주고, 개인의 역량이 최대한 발휘되도록 환경을 만들어주어야 한다. 그렇지 않으면 직원들은 압박과 스트레스에 치여 일에 대한 열정과 에너지가 고갈되고 말 것이다. 결국 CEO가 바라는 회사의 성장도 어려워질 것이다.

직원들도 개인적인 목표가 있다면 그것에 매몰되어 조바심을 내기보다는, 하루하루 유효한 행동을 하는 데 초점을 맞춰야 한다. 도드라진 오늘을 보내야 한다. 오늘 자체가 그대로 이루어진 상태이고 결과인 것이다.

현재라는 단어와 관련해서 너무나 잘 알려진, 미국 루스벨트 미국 대통령의 영부인인 엘레나 루스벨트가 한 말을 다시 음미하고자 한다.

"어제는 히스토리, 내일은 미스터리, 오늘은 선물입니다. 그래서 오늘을 present(현재·선물)라고 하지요(Yesterday is history. Tomorrow is a mystery. Today is a gift. That's why we call it the present)."

이미 지나가 버린 역사history와 알 수 없는 미래mystery보다는 내가 감당할 수 있고 통제가 가능한 현재, 내가 숨을 쉬고 있는 지금이야말로 선물이 아니겠는가. 과거가 후회스럽고 만족스럽지 않아도 과거로 돌아가 바꿀 수도 없고, 미래에 가서 무슨 일이 벌어질지 알 수도 없는 노릇이다. 현재는 과거의 결과이고, 현재 없이는 미래도 없다. 누구나 오늘을 살 수밖에 없고, 현재에 존재할 수밖에 없다.

시간은 누구에게나 평등하다. 돈 많고 권력이 있는 사람이라고 해서 남들보다 빠르거나 느리게 살 수 없고, 더 많은 시간을 가질 수도 없다. 영화 〈아메리칸 뷰티〉에서 주인공으로 분한 케빈 스페이시의 명대사 "오늘은 당신의 남은 생의 첫날입니다Today is the first day of the rest of your life" 도 곱씹어볼수록 멋진 말이다.

그런데 사람들은 아무 의식 없이 그저 현재의 시간을 흘려 보낸다. 소중하게 맞게 되는 현재라는 선물을 말이다. 개념적으로는 누구에게나 죽음이 온다는 것을 알지만 지금 건강하니 마냥 살 것처럼 내 인생의 끝이 멀게만 느껴지기 때문일 것이다. 부인하고 싶어도 언젠가는 예외 없이 죽는다. 의학의 발달로 사람의 수명이 길어진 것은 맞지만 언제 죽을지는 아무도 모른다. 티벳 속담에 "다음 생이 내일보다 먼저 올지도 모른다"라는 것처럼.

그리고 건강하게 사는 삶의 길이가 의미가 있지 거동을 하지 못하거나 기계에 의존해서 연명되는 삶이 의미가 있을까? 부정적인 이야기를 하려는 것이 아니다. 모든 사람들이 그렇듯 나도 죽음이 두렵다. 사후세계에 대한 믿음도 없다. 단지 언젠가 다가올 죽음 앞에 겸허할 뿐이다. 그리고 죽음이 있기에 오늘이 더 소중하고 삶이 가치가 있다고 믿는다.

만일 죽지 않는 삶이라면 하루하루의 삶이 어떻겠는가. 세상만사가 돌고 도는 것이 이치인데 사람만이 죽지 않고 영생을 누린다면 그것은 재앙이다. 사람들만 생태계에서 유일하게 순환이 멈추는 존재라면 생각만 해도 끔찍하지 않은가? 지구의 모든 다른 생물들을 멸절시키고 말 것이다. 그리고 결국 인류도 지구상에서 사라지고 말 것이다. 개인적인 삶도 하루하루를 잘 살아야겠다는 의미 또한 없어질 것이다. 남아 있는 삶의 첫날인 오늘이다. 소홀히 보내기에는 너무 소중한 첫날이 아닐까? 시작이 반이라는데.

아침이 인생을 결정한다

내가 살고 있는 아파트의 엘리베이터 안에서 향기가 도는 때는 아침 출근 시간이다. 출근하는 사람들의 향긋한

샴푸 냄새와 향수로 엘리베이터 안이 향기로 꽉 찬다. 아침 시간의 엘리베이터는 쉼 없이 오르내리는데, 하루 중 그 좁은 공간이 가장 활력이 넘치고 좋은 기운을 느낄 수 있는 시간이다.

지구는 어김없이 한 바퀴 돌아 다시 태양을 우리에게 밀어낸다. 지구의 리듬과 에너지로 이 땅을 사는 우리는 누구도 예외 없이 하루를 시작한다. 새로이 맞는 오늘의 출발점은 아침이다. 어떠한 자세와 마음가짐으로 아침을 출발하느냐가 오늘 하루를 결정짓는다.

고 정주영 회장은 "나는 젊었을 때부터 새벽 일찍 일어났습니다. 그날 할 일에 대한 기대와 흥분 때문에 마음이 설레 늦도록 자리에 누워 있을 수 없기 때문입니다"라고 말했다. 첫 출근도 아니고 수십 년 출근하는 분이 매일 아침 출근길이 설레었다니 에너지가 넘치지 않는 날이 없었으리라. 그것이 쌀가게로 시작한 그가 우리나라 최고의 기업을 일군 비결이 아니었을까.

반면 "아, 오늘 또 출근해야 돼……"라며 짜증스런 마음으로 아침에 일어나서 출근한다면 어떨까? 해야 할 골치 아픈 일들이 머리를 휘감으면서 뒷목까지 뻐근해 올 것이다. 사는 게 재미없고 무기력하고 지치기만 한다. 아침 출근길이 도살장에 끌려가는 소의 기분이라면 비참하지 않은가.

모든 일이 그렇듯이 이러한 기운도 악순환을 불러온다. 일단 내 기분이나 이미지가 가라앉는다. 해야 할 일들이 제대로 진척될 수가 없고, 그에 따른 성과 또한 좋을 수가 없다. 당연히 상사로부터 꾸지람 듣는 상황이 자주 생길 것이고, 고객들로부터도 좋지 못한 소리를 들을 가능성이 높다. 진행하는 프로젝트들은 제자리에서 맴돌기만 할 것이다. 스트레스의 강도와 밀도는 더 큰 쓰나미로 몰려온다. 실제 보너스와 진급에서 불이익을 받게 되고, 직장생활은 갈수록 힘들어진다. 악순환의 고리에서 벗어나지 못하고 스스로가 더욱 고착화된다.

빨리 악순환으로부터 벗어나려는 노력이 필요하다. 그 노력의 첫걸음이 바로 '현재'에서 시작하는 것이다. 당장 내일 아침 출근길부터 다른 느낌으로 시작하는 것이다. 오늘 하루를 내가 호령하고 압도하겠다는 자세로 출발하자. 선순환의 흐름이 시작되는 계기가 될 것이다.

먼저 아침을 일찍 시작하는 것이 좋다. 아침 일찍 일어나서 상쾌한 아침 공기에 심호흡도 하고 밤새 굳어진 몸을 스트레칭을 하며 풀어준다. 조간신문을 훑어보며 관심을 끄는 기사는 찬찬히 주의 깊게 읽는다. 혹은 자기계발을 위해 30분 정도 시간을 쓴다. 책을 읽어도 좋고, 관심 분야의 공부를 해도 좋다.

집에서 출발하는 시간은 출근 차량들로 붐비고 전철이 만원인 러시

아워보다는 이른 시간이 좋다. 아침의 설레는 기분 좋은 상태를 그대로 회사 업무에까지 이어지도록 하려면 아무래도 인파와 교통 체증을 피하는 것이 상책이다. 그렇게 회사 일을 시작하고 하루하루가 쌓이면 남들이 바로 알아채지는 못하겠지만 내가 먼저 알고 남들이 알아보고 회사가 인정할 것이다.

'아침을 지배하는 사람이 인생을 지배한다'라는 말이 있듯이 설렘이 있는 아침을 보내는 사람이 오늘을 의미 있고 보람 있게 보낼 것이다. 그러면 매일매일이 축적되어 쌓여가는 인생이 선물이 될 것이다.

Chapter 5

나는 반응하는가?

감탄하며 살자

치열하고 만만치 않은 하루하루를 보내다 보면 인생이 버겁고 퍽퍽하게만 느껴진다. 표정에서는 점점 웃음기가 사라져가고, 마치 맹수에 맞서 콜로세움에 세워진 로마 시대 검투사의 얼굴처럼 생존을 위한 처절함과 결연함으로 가득하다.

퇴직을 하고 여유 있게 시간을 보내고 있는 지금도 가끔 내 표정에 놀라는 때가 있다. 여행을 떠나서 경치 좋은 곳을 만나면 아내는 내 사진을 찍어준다며 웃으라고 한다. 당황스러운 것은 나는 웃고 있다고 생각하고 표정을 짓는데 아내는 영 아니라는 것이다. 그래서 일부러 더 크게 웃는 표정을 지었는데 나중에 내 사진을 보면 또 당황스럽다. 내 얼굴에는 멋쩍고 어색해 보이는 억지웃음만 올라 있다.

루마니아의 작가 게오르규Constantin Virgil Gheorghiu의 원작소설을 영화화한 작품 〈25시〉의 마지막 장면이 떠오른다. 영화의 세세한 장면이 모두 기억나진 않지만 지금도 마지막 장면은 뇌리에 남아 있다. 제2차 세계대전 무렵 루마니아의 순박한 농부인 모리츠(안소니 퀸 분)는 영문도 모른 채 13년 동안 여기저기 끌려 다니면서 수용소 생활을 하게 된다. 온갖 우여곡절 끝에 구사일생으로 집에 돌아오고, 가족과 함께 나란히 서서 기념사진을 찍는데 웃음도 울음도 아닌 기가 막힌 표정을 짓는 안소니 퀸의 연기가 압권이다. 아무 이유도 없이 외부의 모략과 힘에 의해 13년을 갖은 고생을 당하고 집으로 돌아왔을 때의 감정은 억울하고 회한으로 얼룩졌으리라.

사진을 찍을 때 제대로 웃지 못하는 것은 내게만 해당되는 건 아닌 것 같다. 우리나라 사람들은 기본적으로 웃는 것에 인색하다. 회사나 조직에서도 고위직으로 갈수록, 나이가 더 먹을수록 그 현상은 더욱 심하다. 아무래도 삶과 자리가 주는 무게와 고단함에 눌리다 보니 입꼬리가 점점 더 처지는 게 아닌가 싶다. 그래서 웃으라고 하면 애는 쓰지만 표정이 어색하고 자연스럽지가 않다. 〈25시〉의 모리츠마냥 자신의 의지와 상관없이 여기저기서 휘둘린 삶에 회한이 묻어나는 건가?

그런데 이렇게만 살기에는 인생이 억울하고 너무 후회스러울 것 같다. 설렘도 없고 감탄의 순간도 없는 무감각과 정서적 마비에 빠져 있다면 더욱 안타깝다. 사람은 느끼고 깨닫는 (창작하는) 동물이다. 김정운 교수의 강의를 들은 적이 있었는데, 그는 사람은 '감탄하는 존재'라고 정의했다. 그것이 인간이 동물과 다른 차별점이라는 것이다. "동물도 새끼를 끔찍히 위하지만 새끼를 보고 감탄하는 것은 사람뿐이다. 그 감탄으로 사람이 사람으로 자라고 성장하는 것이다."

당신은 지금 어떠한가? 이따금씩 감탄을 하고 감동의 환희를 느끼며 살고 있는가? 김정운 교수는 3일마다 감동과 감탄을 느끼지 못한다면 잘못 사는 거라 말한다. 그래서 사람들은 멋진 산으로 등산을 가고, 친구들과 골프를 치고, 아름다운 곳으로 여행을 떠난다. 멋진 산의 정상에 올라 운해로 뒤덮인 산하를 바라보면서 감탄을 한다. 골프를 치러 가서는 잘 맞은 샷에 '굿~ 샷!'을 질러보면서 찬사를 보내고, 아름다운 곳으로 여행을 떠나서는 숨이 멎는 듯한 풍경에 마음을 뺏기기도 한다. 멀리 가지 않더라도 자신이 좋아하는 음악에 흠뻑 빠져서 가슴이 먹먹해지는 감동의 울림을 느껴보기도 한다. 좋아하는 운동 경기에 가서 선수들의 멋진 기량에 환호의 함성과 박수를 보내기도 한다. 내 개인적으로는 김연아 선수의 전성기 시절 피겨 스케이팅을 보고 있노라면 감탄을 넘어서 가슴이 울컥하며 눈물이 났다. 어찌 저토록 아름답게 얼음판 위를 날 수 있을까 감탄하며 김연아의 몸짓에 젖어든다. 공연이 끝난 후 마음속으로 박수갈채를 격하게 보냈다.

2015년 5월 중순에 한 친구와 섬진강 도보 여행을 다녀왔다. 센트럴 시티 터미널에서 전라도 순창행 버스를 탔고 임실군 강진면에서 내렸다. 우리는 거기서부터 걷기 시작했다. 그날 오후 1시 반부터 섬진강을 따라 걷기 시작했다. 4일 동안 100킬로미터 정도를 걸었다. 마지막 날에 화개장터 쌍계사까지 걸었다. 4일 동안 날씨는 쾌청했고 신록의 계절다웠다. 4일 동안 천담마을, 구담마을을 거쳐 섬진강 상류에서 가장 아름답다는 장구목, 향가터널, 곡성 기차마을, 퐁퐁다리, 섬진강과 보성강의 두물머리를 지나서 구례, 화개장터 쌍계사까지. 아름다운 섬진강과 그 풍경에 감탄하고 행복했지만 무엇보다도 우리 자신에게 감탄했다. 이틀째부터는 발바닥에 물집이 잡히고 걷기가 쉽지는 않았지만 그래도 계속 걸었고, 계획했던 대로 해냈다는 기쁨은 어디에 비할 바가 없었다.

가끔씩은 가보지 못한 좋은 곳에 가서 그 생경한 경치에 감탄을 하고, 평소에 하지 않던 것에 도전도 하면서 자신의 한계를 견뎌낸 감동도 느껴보자. 나의 존재, 그리고 사람들과의 찰진 관계를 통해 삶을 풍요롭게 살고 있구나 하는 행복감을 준다.

올해는 호형호제하는 두 친구와 함께 2015년에 갔던 화개장터와 쌍계사를 다시 찾았다. 작년과는 다르게 벚꽃 시즌에 맞추어 그 유명한 쌍계사 10리 벚꽃길을 걸었다. 벚꽃 축제가 시작되기 하루 전이라 사람들도 많지 않았고 벚꽃은 거의 만개한 상태라 10리 벚꽃길을 따라 걸으면서 봄날을 만끽했고 행복했다. 이튿날은 섬진강 하류 방향으로 걷기 시작했다. 평사리 최참판 댁도 들러보고, 하동 방향으로 끝없이 이어진 벚꽃 섬진강 길을 따라 걷는데, 중간에 풍취가 있는 대나무 숲도 지나고 세월의 풍파와 시련을 견뎌내고 우뚝 서 있는, 성긴 파마머리를 한 것 같은 고목나무의 자태는 감탄을 자아냈다. 2015년에 갔던 섬진강 상류 길과는 색다른 풍광이었고 넉넉한 느낌이었다. 우리나라만 다녀봐도 정말 아름답고 감탄을 자아내는 멋진 곳들이 많다. 비단 여행뿐이랴. 아직 우리의 감각들이 딱딱하지 않고 말랑말랑하다면 주변에도 감탄할 사건과 일들이 많지 않을까. 먼저 나 자신을 돌아보면 어떨까.

천문학자 칼 세이건Carl Sagan이 "만약 우주공간에 우리를 임의로 뿌린다면, 우리가 행성 부근에 떨어질 가능성은 1조의 1조의 10억 분의 1(10에 -33승)보다 더 작을 것이다"라고 얘기했다. 절묘하고도 신비하게 광대무변한 우주 속에서, 우리가 살고 있는 지구는 태양계에 속해 있다. 그 태양은 우리 은하 속에서 1,000억 개의 별 중 하나이고, 우리 은하는 또 1,000억 개의 은하 중 하나인 것이다. 나라는 존재부터가 감탄스러운 것이다. 그러니 자신에게 집중해보자. 자신에게 집중하는 것이야말로 자기를 돌보는 시작이다. 또 자신을 기쁘게 하자. 감동을 받고 감탄을 느껴야만 자신을 기쁘게 할 수 있다.

지금까지 살면서 스스로에게 감탄하면서 박수갈채를 보냈던 적이 있는가? 쉽게 떠오르지는 않을 것이다. 그러한 순간이 없으니 떠오르지 않는 것이다. 멋진 공연을 보거나 스포츠 경기를 보면서 박수갈채를 보내며 감탄하기도 하지만 때로는 나 스스로에게 박수갈채를 보내는 순간을 맞이하자. 지금 나의 인생에서 첫 책을 쓰고 있는데, 나는 이 책이 출판되면 많이 감격하고 스스로에게 손이 부서져라 박수를 쳐주고 싶다. 그리고 앞으로도 스스로 감탄스러운 순간을 만들어가려고 노력할 것이다. 그래야 삶에 여한이 없을 것 같다.

해봐야 알 수 있다

　　감탄의 기회가 많아지려면 자신이 반응하는 무언가가 있어야 한다. 아무래도 운동선수들이 승부의 현장에 있다 보니 처절한 패배의 순간도 있겠지만 승리의 순간에는 환희와 격정의 기쁨을 온몸으로 만끽하는 것 같다.

　얼마 전 격투기 선수로 유명한 크로아티아의 크로캅 선수의 경기와 인터뷰 장면을 TV로 보았다. 경기는 입식 격투기 종목인 '글로리17'이라는 대회였는데, 상대는 자신보다 20킬로그램이 더 나가는 거구의 미국 선수 제럴 밀러였다. 크로캅은 이미 전성기를 지난 불혹의 나이였고 상대는 25살이었다. 결과는 크로캅의 판정승이었는데 경기 직후 너무 지쳤는지 자신의 코너에서 털썩 주저앉는 모습을 볼 수 있었다. 인상적이었던 것은 그의 인터뷰 내용이었다. "나는 싸울 때 살아 있다는 느낌을 갖는다. 링에 서기 위해 일 년 365일 하루도 거르지 않고 운동을 한다. 언젠가 자신이 은퇴를 해서 더 이상 싸울 수 없는 때가 되면 자신의 일부가 죽은 것이나 마찬가지가 될 것이다. 그것이 싫어서 싸울 수 있을 때까지 계속 싸울 것이다." 그의 말을 들으면서 그는 싸움에 반응하는 뼈 속까지 파이터란 생각이 들었다.

스티브 잡스는 일 자체에 반응하며 살았다고 한다. 신기하게도 그의 성이 '잡스Jobs'이다. 이름 따라 운명과 촉이 만들어지는 건가? 반드시 스티브 잡스를 따라 하자는 것이 아니라, 회사든 조직이든 자신이 속해 있는 곳에서 하는 일에 삶이 반응할 정도로 애착이 있다면 그 조직과 자신 모두에게 더할 나위 없이 좋을 것이다. 혹 단지 가족과 자신의 생계 의무 때문에 직장을 다니고 있다 할지라도 자신이 반응하는 자기만의 영역이 있어야 할 것이다. 심박수가 올라가고 환희를 느낄 수 있는 나만의 그 무엇 말이다. 그것이 취미활동이 될 수도 있고, 자기가 좋아하는 활동일 수도 있다. 어떤 사람은 달리기에 반응해서 마라톤을 하는 순간 자신이 살아 있다는 느낌을 갖고, 또 어떤 사람들은 그림이나 음악 같은 예술에 반응하며 거기에 몰입하며 산다. 자신이 반응하는 활동을 통해 감탄의 기회가 많다면 사는 것 자체가 풍요로워지고 매일 아침 눈뜨는 것이 즐거울 것이다.

내가 반응하는 것을 찾으려면 많이 해보아야 한다. 해보기 전에는 내가 무엇을 좋아하는지, 무엇에 반응하는지를 알기 어렵다. 좋아하는 것만 가까이하지 말고 어색하고 거리를 두고 있던 것들도 시도하고 해봄직하다. 막상 시도해보면 막연하게 짐작했던 것과는 다른 느낌과 기쁨을 느끼기도 한다.

과거 어느 모임에 참여했던 적이 있었는데, 그곳에서는 사람들 앞에서 발표를 해야 하는 시간이 있었다. 스피치할 주제를 배정받으면 이야깃거리를 준비해서 약 20분 정도 발표를 한다. 나는 사람들 앞에 서면 극도로 긴장을 하는지라 사람들 앞에 선다는 것이 처음에는 정말 쉽지 않았다. 그러나 사람들 앞에서는 스피치할 기회가 많아지고 반복해서 발표를 하다 보니 어느 순간부터는 비교적 떨지 않게 되었고, 조금 긴장은 되지만 뿌듯하기도 한 묘미를 느낄 수 있었다. 이야기할 내용을 준비하고 연습하고 나름의 리허설을 통해 마무리해 스피치를 하고 나면 자신감이 생기고, 내 얘기에 청중들이 좋은 반응을 보여주면 엔돌핀이 샘솟으며 보람과 기쁨까지 느끼게 된다. 나중에는 또 스피치할 기회가 기다려지기도 했다. 스피치를 두려워하던 초창기 내 모습을 떠올려보면 그동안의 변화에 스스로도 놀라울 정도다. 물론 지금도 사람들 앞에서 스피치하는 일은 긴장이 되지만, 한편으로는 내 안에서 반응하는 것을 느낀다. 평소에는 느낄 수 없었던 심장의 박동과 희열이 느껴진다.

한때는 나의 꿈은 무엇인지 고민이 많았던 적이 있다. 지금도 이 화두는 내 삶에서 중요한 부분으로 여겨지지만, 그때는 정말이지 어려운 문제였다. '네 꿈을 가져라!'가 강력한 사회적 화두가 된 적이 있었고,

실제 여기저기 강의를 들으러 가면 강의 말미에 각자 자신의 꿈을 적어 보는 시간이 주어지기도 했다. 그럴 때마다 무엇을 꿈이라고 적어야 할지 몰라 난감했던 기억이 있다. 그런 시간들이 반복될수록 내가 정말 꿈이 없다는 것에 회의가 들기도 하고, 제대로 살아가고 있지 못하다는 느낌도 들어서 자책도 많이 했다. 이런 경험이 비단 나만 겪은 것이 아니라는 이야기를 듣고 나는 더욱 놀라웠다.

그런데 왜 사람들은 꿈을 가지지 못하는 걸까? 여러 이유가 있겠지만 가장 큰 이유는 꿈에 부풀어야 할 시기인 학창 시절과 청춘의 시기에 보고 듣고 경험한 것들이 없거나 빈약해서라고 생각한다. '보는 만큼 상상하고, 사는 대로 생각한다'란 말이 있다. 사람들은 자기가 가지고 있는 인식의 틀이나 크기에 따라서 생각하고 상상할 수밖에 없다. 그런데 우리의 학창 시절은 교실이나 학원, 독서실 같은 갇힌 공간에서 입시를 위해, 취업을 위해 개인의 꿈을 키워나갈 시간을 매몰시켰다. 어렵게 사회에 진출해서도 눈앞의 문제에 전전긍긍하다 보니 여전히 보고 듣고 겪는 경험의 다양성을 갖지 못한다. 그러니 우리 마음속에 꿈이라는 파랑새가 앉기 어렵다.

사람은 누구나 자신의 포텐셜과 가능성이 내면에 숨어 있다. 그것이 너무 두드러져서 크게 드러내 보이려 하지 않아도 겉으로 나타나는 사람들도 있는데, 숫자는 적지만 특별한 재능을 가진 사람들이다. 그러한 사람들은 그 방면으로 꿈을 갖게 되고, 주변의 지원 속에 꿈을 향해 나아간다. 그리고 100퍼센트는 아니더라도 사회에 나가서 그 꿈을 실현하게 될 것이다.

그에 반해 일반적인 사람들은 여러 분야에서의 가능성과 포텐셜을 가지고 있지만 숨어 있기 때문에 그것을 끄집어내려는 노력을 해야 한다. 그 노력이란 바로 우선 시도하는 것이다. 그래서 한편으로 보자면 한 분야에 특출난 재능을 가진 사람보다 다방면에 걸쳐 도전해볼 수 있어 그 가능성은 더 많이 열려 있다.

이것은 비단 이제 학업을 마치고 사회에 진출하려는 청춘들에게만 해당되는 얘기가 아니다. 어디에서든 열심히 자신의 일을 해나가고 있는 3, 40대뿐만 아니라 장·노년층에도 적용되는 이야기다. 의학의 발달로 점점 건강수명이 연장되고 있다. 걷고 움직일 수 있고, 정신적으로도 건강하다면 새로운 분야에 계속 도전하며 앞으로 나가야 한다. 그래야 선순환이 생기면서 건강하게 나이 들 수 있을 것이다.

나의 경우에는 다양한 시도를 많이 해본 것은 아니지만 몇 가지 새로운 시도를 해보면서 전혀 기대하지 않았던 보람과 기쁨을 맛보는 경험을 했다. 나와 전혀 맞지 않을 것 같던, 사람들 앞에서 스피치하기, 하프 마라톤 뛰기, 글쓰기, 그리고 평생 업이 되었던 영업일 등 새로운 분야에서의 경험을 통해 얻은 보람과 자신감은 계속해서 도전해나갈 수 있는 동력과 같은 역할을 한다. 사람들마다 마음이 가는 새로운 분야가 다르겠지만, 오히려 자신이 약점으로 생각했던 분야나 영역에 도전해보기를 추천한다. 의외의 잠재력을 발견할 수도 있기 때문이다.

유한한 삶을 살면서 수많은 도전을 하려 해도 물리적으로 한계가 있다. 그러니 더 나이 들어 후회하지 않으려면 지금 당장 가까이 할 수 있는 것부터 시작해보자. 새로운 일을 시작하다 보면 서로 상관없을 것 같은 일들이 어느 순간 연결이 되어 새로운 아이디어와 영감을 준다. 그 지점에 가보면 또 새로운 지평이 열린다. 해보기 전에는 자신이 무엇을 할 수 있을지 아무도 모른다. 내 안에 잠재해 있는 가능성과 내가 반응하는 것들을 찾아보자.

Part 2

성공이
비즈니스의
끝은
아니다

Chapter 6

각을 잡아야 꽂힌다

한 가지 원칙이면 충분하다

살다 보면 생각과 행동의 결이 무디어진 상
태에서 관성적으로 하루하루를 보내고 있는 자신을 발견할 때가 있다.
나의 20대, 30대는 아무래도 경험이 부족하다 보니 기본을 잃고 심리
적 변화와 주변 상황이 흘러가는 대로 휩쓸렸던 시기였다. 그러다 보니
그것이 공부가 됐든 회사 일이 됐든 사업이 됐든, 내용과 방향의 각이
잡히지 않으면서 과정도 지지부진하게 이어지다가 결국은 바라는 성과
와 결과를 내지 못하는 경우가 많았다. 맥이 빠지고 신바람도 나지 않

았다. 지속적으로 그 일을 끈기 있게 하기도 힘들었다.

특히 30대 중반의 개인 사업과 후반의 직장생활은 단지 돈만 많이 벌었으면 좋겠다는 욕심만 있었지 그 밑바탕에 스스로에 대한 자기 성찰이나 기본 확립이 되어 있지 않았다. 일에 대한 철학이나 원칙도 없었다. 단지 세월이 흘러가는 대로 나를 거기에 얹어 편하게 살아갔으면 좋겠다는 생각과 돈만 많이 벌었으면 좋겠다는 생각으로 지냈던 것 같다. 당연한 결과이겠지만 30대의 나의 경력은 직장생활이 됐든 사업이 됐든 실패와 좌절의 연속이었다. 생각보다 몸만 앞섰지 제대로 일의 성과를 내거나 의도한 성취를 이룬 적이 별로 없었다.

배우 김혜수가 주연으로 등장하는 드라마가 있었다. 2009년 SBS에서 방영한 〈스타일〉이란 드라마인데, 주인공은 패션지 기자였다. 김혜수는 도도함과 카리스마가 강한 완벽주의자의 모습으로 어떠한 상황에서도 실수를 용납하지 않는 인물로 나왔다. 그 드라마를 제대로 보지는 못했고 스치듯 몇 장면을 본 적은 있다. 그 드라마에서 김혜수가 즐겨하는 대사 '엣지 있게'라는 말이 그 당시 사람들 입에 많이 오르내리며 유행했던 적이 있었다. '엣지 있게'란 말은 극중 주인공의 성격을 잘 대변하는 임팩트가 있는 대사였다. '엣지'는 영어 단어 'edge'이다. '모서리'라는 뜻이다. 모서리에는 각이 90도로 잡혀 있다. 절도와 결기가 있다는 뜻이다. 두루뭉실하고 완만하다는 말의 반대말이다.

복싱에서 경기를 압도하는 세계적인 선수와 기량이 달리는 선수의 경기를 보다 보면 맞붙고 있는 두 선수가 어디서 차이가 나는지 금방 알 수 있다. 펀치의 파워, 체력, 맷집, 스피드 등에서 격차가 있을 수 있지만 권투를 배워본 적이 없는 문외한인 나에게도 두드러져 보이는 것은 펀치의 각도이다. 왠지 많이 맞는 선수는 계속해서 송곳 같은 상대 선수의 펀치에 찍히는 느낌으로 맞는다. 예리한 각도로 커버링을 뚫고 꽂히는 펀치에 속수무책으로 연타를 허용해서 부너지는 것이다. 핀치가 예각으로 파고들다 보니 상대에게 주는 강력한 임팩트가 느껴진다. 완만하게 흐르는 펀치의 각도에서는 임팩트와 충격이 느껴지지 않는다.

나는 친구들과 당구를 즐겨 치는데 4구와 3구를 번갈아 친다. 당구는 각도 싸움이다. 매 순간 주어지는 당구 공들의 포메이션formation은 같을 수가 없다. 주어진 공들의 포메이션에서 어떻게 각도를 만들어 치느냐가 승리의 관건이다. 공격구인 수구를 제1적구와의 필요한 두께로 겨냥을 한 뒤 스트로크로 적절한 공의 회전을 주어 치게 되면 제1적구를 맞춘 후 의도한 각도대로 흘러 제2적구까지 맞히는 것이다. 그 공들이 놓여 있는 포메이션에 맞는 각도를 어떻게 만들어내느냐의 싸움이다.

사진을 찍을 때도 각도가 중요하다. 같은 사람이라도 옆에서 찍느냐 얼짱 각도인 45도 각도로 찍느냐에 따라 전혀 다른 사람처럼 보이기도 한다. 인물을 밑에서 찍게 되면 수평으로 찍는 것보다는 훨씬 키가 커 보이는 효과가 있다. 건물도 밑에서 위로 찍게 되면 더 웅장하게 보인다. 이 기법을 전문 용어로 '틸트 업Tilt Up'이라고 부른다고 한다.

이처럼 스포츠 경기나 생활의 많은 부분에서 각을 만들어내는 것이 필요한 파워, 즉 영향력을 만들어내거나 또는 상황을 의미 있게 전환시킬 수 있음을 알 수 있다.

꽤 늦게서야 나의 문제점을 깨달았다. 40대 초반 무렵에야 나의 생각과 행동에 각도가 없이 무르고 완만하다는 것을 실감한 것이다. 네덜란드계 회사의 지사장으로 일을 시작한 무렵이었다. 양보할 수 없는 나만의 행동 기준과 기본이 필요하다고 생각했고, 그것을 실행해나가기 시작했다. 그 원칙은 많을 필요도 없고 단 한 가지라도 명확히 하고 철저히 지켜나가자는 생각이었다. 그것은 다름 아닌 '무슨 일이든 절대 미루지 말자! 바로 바로 실행한다!'였다.

살아가면서 전기를 갖고자 한다면, 한 가지라도 원칙을 명확히 정하고 후퇴 없이 철저하게 실행해나간다면 삶 전체의 양상을 바꿀 수 있다. 한꺼번에 여러 개의 목표를 추구하는 것보다 확실한 단 하나의 결심이나 목표에 집중하는 것이 훨씬 실현 가능성이 높다. 이러한 결심과 이행은 자신을 위한 좋은 습관을 만드는 일이다. 결심이 행동으로 녹아들려면 마음의 단단한 결기뿐만 아니라 일정 기간 동안 하루도 예외 없이 반복하는 시간이 필요하다.

그런데 확고부동한 한 가지의 결심과 실행은 단지 그 한 가지의 행동에 국한하지 않고 다른 패턴의 행동에까지 영향을 미친다. 긍정적인 연쇄작용을 불러오는 것이다. 그 한 가지의 확실한 원칙 이행은 자신감을 주고 스스로에 대한 긍정과 신뢰를 북돋워주기 때문이다. 그리고 세상이 도와준다. 세상이 힘을 주는 반응을 해준다.

예를 들어 책상 정리와 주변 정돈을 잘 못 하는 학생이 있다고 하자. 어느 날 항상 주변을 정리 정돈하기로 마음먹고 매일매일 실행하기 시작했다. 그러자 책상에 앉아 있으면 기분이 좋아지고 맑아진다. 공부도 잘된다. 점점 꼼꼼하게 정리하며 체계적으로 공부하기 시작한다. 더 나아가 친구들과 선생님과의 시간 약속도 잘 지키는 습관으로 이어진다. 부모님 반응도 좋아진다. 격려와 응원을 해주신다. 부모님과의 관계도 좋아진다. 전체적으로 선순환을 불러온 것이다.

이 책에서 '순환'이라는 단어를 많이 썼다. 사람 사는 이치나 세상이 움직이는 법칙에는 한 가지 행동이나 사건만으로 이루어지는 경우는 없다. 보이지 않는 고리를 타고 연쇄적으로 반응이 일어나거나 다음 상황을 만들어낸다. 선순환을 타야 한다. 한 번 악순환에 빠지게 되면 그 고리에서 빠져나오기가 여간 힘들지 않다. 그런데 일회성 결심과 행동으로는 선순환을 만들 수 없다. 한 가지라도 긍정과 선의의 결심을 세운 후 행동하는데 후퇴 없는 습관이 되어야 세상이 반응한다.

살아 있는 투자의 전설로 불리는 워렌 버핏Warren Buffett은 한 가지의 투자 원칙으로 잘 알려져 있다. 소문과 유행, 투기성 매매가 성행하는 월스트리트에서 한 가지 투자 원칙을 고수하는 것은 쉽지 않다. 그러나 버핏은 '가치투자'라는 원칙을 어기지 않았다. 미국의 35대 대통령 케네디John F. Kennedy는 학생 시절 수학 성적이 좋지 못했다고 한다. 어떻게 하면 수학을 잘할 수 있을까 고민하다가 한 가지 원칙을 정해 실천하기로 했다. 그것은 '수학을 잘하는 학생의 기숙사 방에서 불이 꺼지고 나서 한 시간 더 공부한다'는 것이었다. 케네디가 수학을 잘해서 미국의 대통령이 된 것은 아니겠지만 한 가지씩 원칙을 만들고 지키는 자세가 그의 사회활동과 정치 역정을 결단력 있고 여물게 이끌어가게 했고, 결국은 미국의 최연소 대통령이 되게 한 밑바탕이었다고 생각한다.

스트레스는 '미루기'에서 온다

나의 '무슨 일이든 절대 미루지 말자! 바로 바로 실행한다!'라는 결심이 너무 뻔한 캐치프레이즈가 아니냐 생각할지 모르겠다. 그러나 여기서 중요한 것은 결심의 주제가 신선하냐, 식상하냐의 문제가 아니다. 그러한 생각이 얼마나 선명하게 뇌에 각인되어 타협 없는 행동으로 이어지느냐 하는 것이다. 실패와 실수의 아픔으로 더 이상 그러한 삶의 패턴은 반복하지 말자고 결심하는 계기가 있었고, 그러한 계기는 단호한 나만의 원칙 이행으로 이어졌다.

당시 내가 갖고 있는 나쁜 습관은 처리할 일이 생기면 나중으로 미루는 것이었다. 그리고 많은 경우 제대로 적어놓지 않아서 잊어버린 후 한참이 지나서야 처리하려고 하면 그 일은 이미 큰 문제로 불거져 있어 처리하느라 애를 먹는 경우가 많았다. 호미로 막을 일을 가래로 막게 되는 것이다. 해야 할 일을 뒤로 미루면 미룰수록 해야 할 일들이 점점 더 많아진다. '가장 큰 스트레스는 미루는 데서 온다'란 말이 있지 않은가.

그리고 더욱 심각한 것은 전체적인 일들의 진행 속도를 크게 늦추어 총체적으로 경제·시간적 손실을 초래한다는 것이다. 뿐만 아니라 연결되어 같이 일을 하는 사람들의 리듬과 템포를 흩트리고 결국엔 그 사람들의 사기와 흥을 깨뜨린다. 나의 원칙을 지켜나가기 시작하면서 주변 상황이 많이 개선되고 일의 성과도 나아졌지만, 무엇보다도 내 스스로에게 큰 격려가 되고 힘도 많이 받았다. 내가 일의 선순환에 들어섰다는 느낌이 강했고, 모든 일들이 항상 잘 풀릴 것 같은 긍정적인 생각을 갖게 되었다.

　당시 내 일은 모든 외국 회사의 한국지사나 법인이 그렇듯 본사의 제품을 국내에서 마케팅하는 것이 주 업무였다. 그리고 그것을 어떻게 성장시키고 확대시키느냐가 항상 싸움이고 고민이었다. 당시 우리는 직접 거래하는 큰 거래처도 있었지만 각 분야의 시장 별로 국내 대리점을 지정해서 판매 루트를 설정하고 마케팅하고 있었다. 아무래도 대리점을 통해서 일을 하다 보면 고객들과의 직거래보다는 커뮤니케이션의 속도가 매우 중요하다. 대리점은 직접 고객과 만나서 우리 제품에 대한 여러 질문도 받고 샘플도 요청을 받는데, 내가 하는 일은 본사와 그들의 중간에서 의사소통의 다리 역할을 하는 것이었다. 이때 중요한 것이 고객들이 요청한 내용을 정확하고 빠르게 대응해주는 것이다. 자칫 그 속도가 느려지면 고객이나 대리점도 기다리다 맥이 빠져서 그 프로젝트가 활성화되지 않고 죽어버리고 만다.

그런데 속도의 원칙을 지켜나가다 보니 전체 프로젝트가 활성화되고, 그 바탕에 믿음과 신뢰의 기초가 더욱 단단해지는 것을 느꼈다. 그 당시 대리점 직원들에게 많이 들었던 이야기가 어떤 다른 외국 회사의 한국 지사들보다 대응과 팔로우업follow-up이 빠르다 보니 더불어 일할 맛도 나고 신바람이 난다는 것이었다. 일이 속도가 붙으면서 같이 일하는 사람들끼리 한 방향으로 열이 맞춰지고, 여러 사람들의 집중력이 모이니 더욱 가속이 붙는다. 그렇다고 진행하는 모든 프로젝트가 100퍼센트 결과를 만들어내는 것은 아니지만 좋은 결과를 생산할 가능성이 높아지고, 선순환의 사이클을 그리게 된다.

답이 완전치 않더라도 바로바로 답을 주고받는 것이 좋다. 커뮤니케이션 과정 중에 우연히 더 좋은 답을 얻는 경우도 있기 때문이다. 그리고 미심쩍으면 바로 질문해야 한다. 커뮤니케이션의 속도는 비즈니스 성장의 속도를 만들어낸다. 속도는 쓰고 있는 시간의 질도 향상시킨다. 그리고 실제로 당시 한국 사업이 크게 성장하기 시작했던 것은 너무 당연한 것인지도 모르겠다. 네덜란드계 회사의 한국 지사장으로서 일을 한 12년간 한국 매출이 약 6배 성장을 했고, 이러한 성장률은 그 회사의 전 세계 사업 중 유례가 없었다.

골대 없는 축구는 없다

다시 한 번 말하지만 생각과 행동의 날을 세우고 각을 잡아야 한다. 비즈니스에서뿐만이 아니라 생활의 모든 구석구석에서 중요하다. 공적이든 사적이든 우리는 약속을 해야 할 상황이 주어진다. 작게는 친구나 고객들과 만날 경우 시간에 대한 약속이 있고, 친구에게 돈을 빌렸다면 언제까지 갚겠다는 약속도 있다. 크게는 CEO라면 사주나 주주들에 대한 경영과 사업 이익에 대한 약속이 있을 것이고, 직장인이라면 일에 대한 성과와 목표치가 있을 것이다. 담배를 피우는 사람이라면 금연을 언제까지 실행하겠다고 자신과 약속했을 수도 있다.

약속이란 각을 만드는 것이고 매듭을 짓는 일이다. 약속은 수량화를 전제로 한다. 그냥 최선을 다하겠다는 것이 아니라 '언제까지Time bound' '얼마나Measurable'라는 수량화를 전제로 한다. 구체화되지 않은, 단지 최선을 다한다는 말은 허공의 메아리와 같이 공허하다. 혹은 그 순간을 모면하기 위한 자기기만이다.

'데드라인deadline'이라고 하는 마감 시간이 신문사의 편집실에서만큼 압도하는 곳은 없다고 한다. 매일매일 신문이 나와야 하고, 이를 위해서는 정해진 시간에 모든 섹션을 채우는 기사, 칼럼, 사설 등이 모아져서 편집되고 활자화되어야 한다. 신문사 편집실에는 번민할 과거와 미래가 없다고 한다. 마감 시간이 주는 긴장감과 치열함 속에 있다가 마감 시간의 순간에는 단두대의 날을 내려치듯 오늘을 던져버린다. 뒤끝도 없고 어떤 변명도 무의미하다.

구체화된 수치나 마감 시간이 없는 일은 마치 골대 없이 축구를 하는 것과 마찬가지다. 호날두나 메시 같은 세계 최고의 축구 선수가 경기를 한다 해도 골대 없는 축구장에서 경기를 한다고 하면 어떨까? 관중들이 돈을 내고 경기를 보러 올까? 우선 경기 자체가 성립되지 않을 것이다. 그냥 허공에 차는 뻥 축구는 축구 경기로서 의미가 없다.

정식 축구 경기를 보면 골대 근처에서의 선수들의 움직임과 패스는 미드필드에서와는 조금 다르다. 공격 선수들의 움직임이 더욱 민첩해지고 패스의 각도와 타이밍이 예리해진다. 그래야만 상대 수비 선수들의 방어망에 허점을 유발하고 슈팅을 위한 빈 공간이 만들어진다. 마찬가지로 수비 선수들은 골을 허용하지 않기 위해 공격 선수들에 밀착하고 치열하게 몸싸움을 벌인다. 공간과 각을 내주지 않기 위해서다. 관중들은 결정적 순간을 놓치지 않기 위해 페널티에어리어 근처의 선수들의 플레이에 집중한다.

당연한 이야기지만 축구 경기의 승패는 골대를 통과한 골의 숫자에 의해 판가름이 난다. 공 점유율에 의해 경기 결과가 결정되는 것이 아니다. 공격에서는 더 많은 골을 넣을 수 있도록, 그리고 수비 입장에서는 골을 허용하지 않도록 선수들은 움직임과 패스, 그리고 테크닉의 각도를 예리하게 다듬느라 평소에는 훈련에 매진한다. 이것은 일반 개인에게도 적용이 된다. 스스로에게도 흥미와 투지를 유발시키기 위해서는 언제까지, 얼마만큼이라는 구체적인 골대가 있어야 한다. 그래야 예리함을 동반한 치열함과 집중이 나온다.

고장도 안 나고 누구에게나 공평하게 흘러가는 시간을 어떻게 잘 쓰느냐를 보면 그 사람의 생활의 각이 나온다. 나의 가치는 시간을 어떻게 쓰는지에 의해 결정된다고 할 수 있다. 회사에서 받는 임금도 회사에서 쓰는 내 시간에 대한 보상이다. 최악의 경우는 시간을 죽이기 위해 시간을 쓰는 사람이다. 소수의 할 일 없는 사람들이 이런 경우가 더러 있겠지만 대부분의 사람들은 시간에 쫓기듯이 산다. 그러나 먹고살기 위해 바쁘고 치열하게 산다 해도 그 외의 시간을 풍요로운 시간이 되도록 써야 한다. 나는 이를 위해서도 '미루지 않기'라는 원칙을 세웠다. 미루지 않는 습관을 들이면서 시간 활용의 질이 올라갔다. 예전에는 일만 하기에도 빠듯했던 시간들이 미루지 않는 습관을 들인 후에는 자기계발, 취미활동, 운동, 독서 등을 위해 시간을 안배하며 쓸 수 있게 되었다. 방법은 간단하다. 자신의 상황에 맞게 시간 씀씀이의 포트폴리오를 만들면 된다. 나는 무엇보다도 자신의 건강을 돌보는 시간을 규칙적으로 가지라고 권한다. 등산이든 피트니스 센터에서의 운동이든 자신에게 맞는 운동을 골라 최우선적으로 시간표에 안배해야 한다. 장년이 되고 보니 최후의 승자는 건강하고 체력이 왕성한 사람이 된다는 것을 절감한다.

평소 생활에 각이 잡혀 있어야 때에 따라서 찾아오는 치열함과 체력이 집중적으로 필요한 순간을 무리 없이 견뎌내고 빛을 발할 수가 있다. 축구 선수들이 골대 앞 페널티에어리어 근처에서 격렬하고 치열하게 움직이듯이 개인적으로도 그러한 시간들이 주어진다. 나는 네덜란드 본사 혹은 싱가포르 아시아 본부에 가서 일주일 동안 회의를 한다거나 또는 고객사와 중요한 계약 성사를 위해 몇 주 혹은 두세 달을 씨름하는 경우가 있었다. 이럴 때는 기본적으로 체력이 뒷받침이 되고 촉이 살아 있어야 하고 정신도 담담해야 한다. 평소에 완만한 생활 패턴에 젖어 각을 잡지 않고 무뎌져 있다면 결정적 슈팅 찬스에서 헛발질을 하거나 수비에 밀려 나가떨어질 공산이 크다.

프레젠테이션은 임팩트다

나의 직장생활 가운데 중요한 업무 중 하나가 프레젠테이션이었다. 국내 기업들도 글로벌화되어 있어 해외 거래처와의 미팅이 잦아 이제는 회의나 미팅 때마다 파워포인트를 이용한 프레젠테이션이 일반화되고 있다. 그러다 보니 프레젠테이션 능력은 선택사항이 아니라 필수사항이 되었다. 프레젠테이션에서도 각도와 임팩트가 필요하다.

현대사회는 갈수록 내 의사를 정확히, 효과적으로 표현하는 것이 중요하다. 회사에서뿐만이 아니라 요즘은 독서모임 등 동호회에서도 프레젠테이션을 하는 경우가 종종 있다. 프레젠테이션을 하는 동안은 그 시간을 내가 주도할 수 있고, 남의 개입 없이 정리한 의견을 충분히 피력할 수 있는 좋은 수단이다. 하지만 사람들 앞에서 발표를 잘하는 것은 쉽지 않다. 무엇보다도 남들 앞에 서서 이야기하는 것이 공포인 사람들이 있다. 나도 그중의 한 사람이었다. 워낙 내성적인 성격이라 사람들 앞에만 서면 목소리가 떨려오고, 사전에 연습하고 외워놓은 내용조차도 머리가 하얘지면서 말이 엉키고 버벅대던 기억이 많다.

경험상 프레젠테이션에 대한 두려움을 극복하는 가장 좋은 방법은 사람들 앞에서 많이 발표해보는 것이다. 무엇이든 잘하려면 그 일을 많이 해보는 것 말고는 더 좋은 방법은 없다. 따라서 어떤 형식이든 프레젠테이션의 기회가 왔을 때 사양하거나 회피하지 말고 적극적으로 경험하면서 내공을 키워야 한다.

프레젠테이션을 준비할 때는 신파조의 말이나 구태의연한 사실들 나열이 아니라 전달하고자 하는 의미와 메시지를 정확히 담아내야 한다. 사실 듣는 사람들이 궁금해하거나 듣고 싶어하는 얘기는 그렇게 복잡하지 않다. 그들이 궁금해하는 영역을 잘 간파하고, 예상되는 질문에 대해 적절한 깊이로 자료와 내용을 준비하면 된다. 만일 듣는 사람들의 성향과 유별난 관심사가 무엇인지를 더 정확히 알면 준비하는 데 더할 나위 없는 도움이 될 것이다. 프레젠테이션은 단순한 사실의 나열이 아니라 임팩트를 줘야 한다.

여기서 프레젠테이션의 요령이나 방법에 대해 논하지는 않겠지만, 초년병 시절에 다녔던 회사에서는 직원 교육 프로그램이 잘되어 있었다. 그 시절 프레젠테이션에 대한 교육에서 기억나는 것은, 프레젠테이션에는 3P가 필요하다는 것이다.

3P란 계획Planning, 준비Preparation, 연습Practice을 의미한다. 30분 프레젠테이션을 위해서 파워포인트를 만들고 준비하는 시간은 그 시간의

열 배 혹은 그 이상이 필요하다. 물론 그 사안의 난이도와 중요도에 따라 다르겠지만 그만큼 많은 시간과 노력을 준비에 써야 한다. 특히 우리말이 아닌 영어로 프레젠테이션을 할 경우에는 더욱 중요하다. 그동안 수없이 훌륭한 프레젠테이션을 보아왔지만 아쉬움을 느낄 때도 있었다. 바로 앞서 이야기한 것처럼 사실과 말의 나열에 급급해서 핵심적으로 무슨 말을 전달하려는지 이해가 되지 않을 때였다. 듣는 사람의 입장에서 궁금한 부분에 대한 고민이 부족하고, 그것에 대한 준비가 덜 되어 있는 프레젠테이션이다. 스피치는 영어를 잘하고 못하고의 문제가 아니라 준비와 연습의 문제이다.

몬산토라는 미국 회사의 한국 법인에서 근무할 때 그 법인의 대표님은 정말 프레젠테이션을 잘하는 분이었다. 원래 프레젠테이션을 즐기는 분인 데다가 미국에서 20년 가까이 살아온 분인지라 영어도 능숙했다. 그런데 그것 때문이 아니더라도 이야기를 조목조목 논리적으로 잘 풀어내는 분이었다. 거기에 자신의 회사에 대한 공헌도와 능력에 대한 부분도 살짝 섞어서 맛깔스럽게 프레젠테이션을 했다. 나는 늘 저분은 어떻게 저렇게 영어 프레젠테이션을 잘할까란 생각을 가지고 있었는데, 어느 날 그 의문이 조금 풀렸다.

그날은 퇴근하고 집으로 가기 위해 운전을 하고 있었는데, 삼각지 교차로에서 신호가 빨간불이어서 대기 중이었다. 그런데 때마침 내 차 옆 차선에 서 있는 대표님의 차를 발견하고 아는 척을 하기 위해 운전석을 바라봤다. 그런데 대표님은 뭔가를 열심히 하고 있었다. 물론 내게 들리지는 않았지만 몸짓과 손짓을 보니 그 자투리 시간을 이용해서 열심히 프레젠테이션을 연습하고 있는 것이었다. 바로 다음 날 예정되어 있던 본사 손님을 위한 프레젠테이션을 차 안에서도 맹렬히 연습하고 있었던 것이다.

우리는 스티브 잡스의 프레젠테이션을 보면 예술이라며 감탄한다. 스티브 잡스 특유의 카리스마에 극적인 발표 진행 방식은 청중의 시선을 흐트러뜨리지 않는다. 스토리의 구성 및 전개가 잘 짜여진 영화처럼 메시지의 흐름이 완벽하다. 그런데 스티브 잡스 역시 사전에 수도 없는 리허설을 반복하는 것으로 알려져 있다. 이것은 프레젠테이션에서 한 치의 실수나 오류가 생기는 것을 방지하고, 청중에게 효과적으로 메시지를 전달하는 데 더욱 완벽한 진행을 가능하게 한다. 천하의 스티브 잡스도 연습에 연습을 반복한다는데 그에 미치지 못하는 우리로서는 두말할 필요가 없는 것이다.

프레젠테이션을 잘하는 사람들을 보면 그들은 타고나기를 말을 잘

하니까 프레젠테이션도 잘하는 것이라 생각하기 쉽지만, 들여다보면 수많은 경험과 연습을 통해서만이 가능한 일이다. 남들이 보지 않는 곳에서 연습하다 보니 알아채지 못할 뿐이다. 학교 다닐 때에도 공부 잘하는 친구들은 열심히 하는 티를 내지 않는다. 평소에는 그저 놀고 장난도 많이 치는 것 같아서 쟤들은 언제 공부할까, 공부를 열심히 안 해도 워낙 머리가 좋아서 그러는 걸까라고 생각한 적도 있었다. 사실은 남들이 보지 않을 때 무섭게 공부했던 친구들이었을 게다. 세상에는 공짜가 없다.

텔레비전을 끄고 비전을 켜라

TV를 무척 좋아했다. 1960, 70년대에는 우리나라가 북한보다도 경제적으로 뒤처져 있었다. 어릴 적 먹을 것도 풍족하지 못했지만 가장 아쉬웠던 것은 집에 TV가 없다는 것이었다. 그 당시 동네에 TV가 있는 집이 흔치 않았다. TV가 있는 집들은 사람들에게 시청권을 팔았다. 최고로 인기 있던 프로레슬링을 중계하는 시간에는 TV가 있는 집은 사람들로 문전성시를 이루었다. 김일이 박치기로 상대를 제압할 때면 느끼던 통쾌한 카타르시스를 지금도 기억한다.

초등학교 시절에는 전세를 살고 있었는데 안채의 주인집은 TV를 갖고 있었다. 김일이 프로레슬링을 하는 시간에는 이제나저제나 주인집이 불러주기를 기다렸다. 고맙게도 주인집은 항상 우리 식구들을 초대해주었는데, 어린 마음에 집에 TV가 없다는 것이 늘 불만이었다. 집에 TV를 갖게 된 때가 초등학교 6학년 무렵이었을 것이다. 그 이후로는 꽤 오랫동안 TV 앞에서 살았던 것 같다. 중·고등학교 시절에 시험 기간에는 TV 유혹에서 벗어나기 위한 방법으로 저녁을 먹고 일찍 잤다. 그 당시에는 TV 방송이 밤 12시 정도에 마쳤기 때문에 새벽 시간에는 TV 시청이 불가능했다. 새벽 4시 정도에 일어나서 공부를 했다. 본래 체질이 아침형 인간이라서가 아니라 TV와 부딪히는 시간을 피하기 위한 것이었다.

성인이 되고 나서도 TV 사랑은 여전했다. 퇴근하고 귀가하면 습관적으로 TV를 켰다. 주말에 집에 있게 되면 TV를 끼고 살았다. 다른 것들이 끼어들 여지가 없었다. 집사람과의 대화나 아이들과 함께 시간을 보내면 좋았으련만 그런 여지를 허락하지 않는다. TV 프로그램 속으로 내가 매몰되어버렸다. 주변이 귀찮고 몸은 늘어지기만 했다. 꼼짝도 하기 싫었다. 덩달아 아들도 나를 따라 하기 시작했다. 아내와 딸은 TV에

시큰둥한데 나와 아들은 TV에 매달려 살았다. 그러니 집안 분위기에 엣지가 있을 리 만무하다.

내 나이 마흔에 어떤 계기로 책을 접하고 읽기 시작했다. 마침 2000년 대 초반에 집에서 TV를 없애자는 운동이 일었다. EBS에서도 집에서 TV를 없애는 프로그램을 진행했다. 당시 많은 가정들이 신청해서 동참한 것으로 알고 있다. EBS와는 상관없이 2003년에 우리집도 TV를 없앴다. 아내와 딸은 TV와 친하지 않았기 때문에 큰 문제가 아니었는데 나와 아들이 문제였다. 하지만 우리도 삶에 변화를 꾀하자는 취지에서 마침내 결정을 한 것이다. 그리고 나서 2013년 아들이 대학을 들어가고 마침 집도 이사를 할 때 TV를 들여놓았다. 근 10년을 TV 없이 보낸 것이다.

집에 TV가 없으니 그 시간이 다른 활동으로 채워졌다. 아들이 초등학교 시절에는 저녁에 아내와 같이 공부도 하고 문제풀이도 하는 시간이 늘어났다. 나는 저녁에 술자리가 많은 편이어서 늦게 귀가하는 편이었지만, 그렇지 않은 경우에는 운동도 열심히 하고 지속적으로 책을 옆에 두고 읽으려 했다. 시간의 쓰임이에 엣지가 생긴 것이다. 그 당시 아내의 한마디는 "집에 TV가 없는데도 이렇게 할 일이 많은데 TV가 있는 집들은 어떨까?"였다.

집에 다시 TV를 들여놓은 이후에는 과거와 같지는 않다. 기본적으로 TV 시청하는 시간이 많이 줄었고, 선택적으로 좋아하는 프로그램만 보려 한다. 보고 싶어하는 프로그램의 종류도 달라졌다. 연예인 소식이나 시시콜콜 잡다한 얘기를 늘어놓는 프로그램보다는 역사나 우리나라 전통문화에 대한 프로그램이나 인문학 강의, 경제나 여행에 대한 내용, 다큐멘터리 등을 시청하는 편이다. 이제 드라마도 잘 보지 않는다. 나이가 들면서 픽션보다는 논픽션에 더 눈이 가고 흥미를 갖게 되었다. 과거에는 드라마나 영화를 좋아했고 다큐멘터리 같은 논픽션을 싫어했는데 나이가 들면서 좋아하는 것이 뒤집어졌다. 이뿐만이 아니라 나이가 들면서 여러 가지 측면에서 바뀌었다.

TV는 사람의 감각을 무디게 해서 일단 켜놓으면 몇 시간이고 무감각하게 TV만 쳐다보게 만든다. TV를 보기 위해 소파에 자리를 잡으면 TV의 포로가 되는 느낌이다. 컴퓨터를 켜서 웹서핑을 하다 보면 의미 없이 인터넷 공간을 돌고 돌 때가 있는데 TV도 마찬가지다. 무조건 TV가 나쁘다고 하는 것이 아니다. 앞서 얘기했듯이 TV를 통해 인문학 강의나 역사, 경제 관련 프로그램, 문화, 여행 같은 유용한 프로그램을 보며 즐긴다. 유익한 정보나 좋은 프로그램들도 많고 세상사 돌아가는 이야기를 가장 편하게 시청하는 데 TV만 한 것도 없다. 다만 TV는 어느 정도 경계하고 스스로 조절해서 거리를 유지하는 것이 좋다.

인사는 기본 중의 기본이다

인사에도 각이 있어야 한다. 직장생활뿐만이 아니라 일상생활에서도 사람 사이의 기본은 인사라고 생각한다. 인사는 서로간의 인정과 존중의 표현이다. 인사를 제대로 잘하는 사람을 만나면 기분이 유쾌해진다. 밝고 웃는 표정으로 '안녕하세요' 하고 인사를 나누면 힘과 에너지를 받는 느낌이다. 더불어 나도 다른 사람을 만나면 힘찬 목소리와 밝은 표정으로 인사를 하게 된다. 좋은 방향으로 연쇄 반응을 일으킨다.

사는 곳이 아파트이다 보니 모르는 이웃끼리도 인사를 나누면 교감이 생긴다. 나중에 우연히 엘리베이터에서 그 이웃을 마주치면 더 반갑고 이웃의 정감도 쌓인다. 경비원 아저씨에게도 수시로 인사하고, 청소하는 아주머니에게도 볼 때마다 인사를 한다. 인사는 동네 전체를 밝게 만들고, 사람 냄새를 물씬 풍기게 한다. 무엇보다도 내가 밝아진다.

그런데 요즘은 인사의 중요성을 아는 이들이 많지 않은 것 같다. 아내의 얘기를 들어보면 학생들은 교장 선생님이 지나가도 인사를 잘 하지 않는다고 한다. 안타까운 일이다. 최근에 대학생들이 많이 모이는 자리에 참석할 일이 있어 몇 번 본 적이 있는 사이인데도 인사를 잘 하지 않는다는 느낌을 받았다. 그리 유쾌한 기분은 아니었다. 최근 모 신문 기사에서도 기업에서 신입 직원들을 뽑고 보니 그들에게 예절 교육이 되어 있지 않아서 놀랐다고 하면서 별도의 예절 교육 프로그램을 만들어서 처음부터 가르친다는 내용을 읽은 적이 있다. 아무리 시대가 빠르게 바뀌고 있다고 해도 인사와 예절에 대한 태도는 바뀌지 않았으면 한다.

오랫동안 세일즈맨으로 살아오면서 을의 위치에 있다 보니 갑의 위치인 고객들 중 안하무인의 말투와 행동으로 눈살을 찌푸리게 하는 사람들이 있었다. 회의를 하기 위해 만나서 인사를 나눠야 할 때도 시선을 피하면서 건성으로 상대방의 손에 자신의 손을 살짝 걸친 듯 악수해오는 경우가 대표적이다. 몸이 뻣뻣한 건 기본이다. 이런 경우는 인사뿐만이 아니라 기본적으로 말투나 상대를 바라보는 시선도 무시하거나 하대하는 태도로 일관한다. 세일즈맨인 나도 웃는 낮으로 폴더 인사를 하지만 진심을 담아서 인사를 하기보다는 기계적인 인사, 연출하는 인사를 할 수밖에 없다. 내가 겪은 최악의 경우는 고객사의 연구개발 부서의 임원이었는데, 전화를 하면 많은 경우 하품을 하면서 전화를 받는 사람이 있었다. 물론 얼굴을 맞대고 만나면 역시나 예의라고는 눈곱만큼도 없는 사람이었다. 본인은 그렇게 해야 권위가 선다고 생각하는 것 같았는데, 어쩔 수 없이 만나야 하는 경우가 아니라면 만나고 싶지 않은 인물 일 순위였다.

우리나라 사람들은 서로 잘 아는 사이거나 특정한 관계일 때는 인사를 잘 하고 친밀감을 적극적으로 표현한다. 그러나 그 외의 환경에서는 인사에 대해 인색한 경우가 많다. 심한 경우 남들로부터 배려를 받았는데도 간단한 감사의 인사도 없이 그냥 지나치는 사람들도 본다. 흔히 엘리베이터에 먼저 탔을 때 뒤따라 타려는 사람이 있으면 열림 스위치를 누르고 기다려준다. 대개의 경우에 뒤늦게 탄 사람은 '감사합니다'라고 인사를 하지만 그렇지 않은 사람들도 더러 있다. 그런데 이상하게도 나이 든 분들이 인사를 잘 하지 않는다. 반면에 어린 꼬마들은 아주 활기찬 목소리로 인사를 잘한다. 아무래도 나이 든 분들은 인사를 받는 데만 익숙하지 인사하는 데는 익숙하지 않아서 그런 것이 아닌가 추측해보기도 하지만 인사 하나를 통해서도 어른으로서의 인자함과 품격이 드러날 수 있음을 알아주었으면 좋겠다.

그리고 인사를 하려면 제대로 하는 것이 중요하다. 억지로 하는 듯한 인사는 안 하느니만 못하다. 마지못해 하는 듯한 인사는 오히려 상대방을 불편하게 한다. 때로는 모욕감을 주기도 한다. 간혹 동창 모임에 나가면 오랜만에 친구들을 만나게 되니 반갑게 악수하고 인사를 나누게 된다. 그런데 건성으로 악수하며 인사하는 친구들이 있다. 손만 내밀었지 이미 시선은 다른 데로 가 있다. 그러면 이 친구는 '나를 무시하는구나' 하는 느낌을 받아 불쾌해진다. 인지상정으로 그 친구와는 그리 어울리고 싶지 않고 멀리하게 된다. 존중의 느낌을 받지 못하는 사람과는 같이하고 싶지 않은 것이다. 나 스스로도 남들과 악수를 하거나 인사를 할 때 행여 남들에게 불쾌감을 주지 않도록 조심하고 진심을 담아서 눈을 맞추며 인사하려고 주의한다. 내가 불쾌하다면 다른 사람들도 마찬가지일 것이다.

Chapter 7

질문은 동력의 원천이다

질문에 대한 우리의 현실

우리나라 사람들은 질문하는 것에 익숙하지 않다. 우리나라 제도권 교육이 그런 방식으로 이루어져 왔고, 사회 환경이나 분위기도 그렇다. 학교에서는 일방적인 커리큘럼을 정해놓고 주입식 교육을 강요하고 학생들에게 질문할 기회를 주지 않는다. 교사가 질문했을 때만 단답형에 가까운 대답이 있을 뿐이다. 공부라는 것이 기본적으로 질문에 질문을 잇는 과정을 통해 지식의 깊이가 생기고 살아 있는 지식이 되는 것인데, 그러한 환경이 조성되지 않고 암기식 위주의 주입식 학습이 되다 보니 공부에 재미를 느끼기가 어렵고 지긋지긋해진다. 그렇게 졸업하고 나면 솔직히 머릿속에 남는 지식이 많지 않고, 책을 더 읽거나 학습을 계속하고 싶다는 생각이 없어진다. 그러다 보니 상황에 대해 이해하고 분석하고, 좋은 질문을 하고 좋은 답을 얻으려고 노력하는 인자가 우리나라 사람들에게는 부족한 것이 사실이다.

얼마 전 EBS에서 교육대기획 프로그램 중에 〈서울대 A+의 조건〉이란 제목으로 평점 4.0 이상의 서울대생을 대상으로 그들의 공부비법에 대해 인터뷰하고 연구한 내용을 방영한 적이 있었다. 먼저 그 결과는 가히 충격적이었고, 우리나라 교육의 폐해를 여실히 보여주는 내용이었다.

이혜정 교육과혁신연구소 소장은 평점 4.0을 넘는 학생 46명을 인터뷰했다. 우리나라에서 가장 머리가 좋고 공부를 제일 잘하는 학생들이 모이는 서울대, 그곳에서도 상위 학생들은 과연 어떻게 공부를 하는지 무척 알고 싶었고, 그들의 공부 방법을 정리해서 공부를 잘하고 싶어하는 학생들에게 알려준다면 큰 도움이 되지 않을까 하는 기대를 안고 프로젝트를 시작했다.

인터뷰를 통해서 드러난 그들의 공통적인 공부 방법은 다름 아닌 교수의 강의 내용을 토씨 하나 빼놓지 않고 필기하고 통째로 달달 외우는 것이었다. 그러고 나서 그대로 시험의 답안지에 적어 넣는 것이다. 키워드로 정리하거나 요약하지도 않는다. 자신의 생각은 배제하고 의문을 갖지 않는다. 자신들의 생각이 교수님의 것보다 더 좋다고 생각될 때에 답안지에 어떻게 쓰겠냐는 질문에도 46명 가운데 41명이 자신의 생각을 쓰지 않겠다고 대답했다. 우리나라에서 최고로 머리가 좋고 공부를 잘한다는 서울대생들이 이럴 정도면 일반적인 견지에서는 오죽하겠는가. 이혜정 소장도 그러한 결과를 얻고서는 실망을 많이 했다고 한다. 우리나라도 이제는 남들이 간 길, 남들이 정리해놓은 것을 그대로 따라야만 높은 평가를 받는 교육방식을 바꾸어야 한다.

KAIST 김대식 교수는 2016년 1월 3일자 조선일보에 기고한 글에서 우리나라가 아직도 노벨상 수상자가 없는 이유를 아래와 같이 설명하고 있다.

대한민국 학문의 가장 큰 문제는 무엇일까? 세계 경제 10대국, 반도체와 휴대전화 최고 수출을 자랑하면서도 왜 우리는 여전히 과학 노벨상도, '수학의 노벨상'이라는 필즈상도 받지 못하는 것일까? 부족한 예산, 주입식 교육 뭐 그런 단골로 등장하는 '변명'을 들어볼 수 있겠다.

사실 우리의 진정한 문제는 다른 데 있다. 우리는 여전히 남들이 다 하고 남은 '설거지' 연구만 하고 있기 때문이다. 과학뿐이 아니다. 철학, 역사, 사상 다 마찬가지다. 새로운 질문보다는 남들이 이미 다 풀어본 교과서적 문제들, 그 누구도 보지 못한 새로운 시선에서 세상을 바라보기보다 남들이 이미 다 보고 깔끔하게 앨범에 정리한 사진들이나 다시 정리하는, 그런 일들을 하고 있기 때문이다.

왜 그런 걸까? 모든 진정한 과학과 철학과 종교의 기원은 질문이다. 하지만 우리의 시작은 질문이 아닌, 남들의 답이었다. 시작을 기억하지도, 이해하지도 못하기에, 우리는 그 누구보다 주어진 답의 형식적 순결에만 집착한다. 공자보다 더 유교적이고, 마르크스보다 더 공산주의적 믿음을 가지게 된다는 말이다.

직장생활에서도 크게 다르지 않다. 회사에서 회의를 하는 경우 상사가 주로 의견을 주도하고 부하 직원들은 상사의 눈치만 보거나 의견을 내더라도 솔직한 자신의 의견보다는 상사의 의도를 간파한 맞춤형 의견을 내는 것이 대부분이다. 밖으로 내 의견과 질문을 드러내기보다는 속으로 숨기고 삭히는 게 자리보전과 흠집이 나지 않기 위한 상책이라고 생각하는 것이다. 나의 색깔과 개성을 드러냈다간 언제 면박을 당할지 모를 일이다. 이러한 우리의 사회적 분위기와 구도는 각 구성원들의 창의적 자발성과 사고를 방해하고, 결국 사회의 발전을 더디게 할 수밖에 없다.

　나는 주로 외국계 회사에서 근무했기 때문에 본사나 아시아 지역 본부에서 주최하는 회의에 참석할 기회가 많았다. 회의에 참여하는 사람들의 출신 지역이나 국적에 따라 회의 분위기는 크게 차이가 난다. 회의를 주도하고 활발하게 발표하고 질문하는 사람들은 본사 직원들인 유럽이나 미국의 직원들이다. 아시아계 직원들은 상대적으로 조용하고 참여도가 떨어진다. 특히 중국, 일본, 우리나라 직원들은 적극적으로 질문에 참여하기보다는 수비적으로 참여하는 경향이 짙었다. 물론 아시아계 사람들이 언어 능력이 떨어지고 그 사람들이 본사 직원들이라는 점을 감안하더라도 활발하게 문답을 주고받는 상호반응적인 문화나 훈련이 나를 포함한 우리나라 사람들에게는 결여되어 있다는 것을 인정하지 않을 수 없다. 때로는 마치 설전을 벌이듯 치열하게 토론하는 모습을 보면 부럽기까지 하다. 형식적이거나 회의를 위한 회의를 하는 구석이 전혀 없이, 매우 실제적이고 구체적인 답을 내려고 살아 있는 회의 진행을 한다.

　개인의 삶에 있어서도 스스로에게 활발하게 질문을 던지고 해답을 찾으려는 사람과 그렇지 않은 사람의 차이는 엄청나다. 사고의 탱탱함이 다르다. 세상을 바라보는 시선의 깊이와 각도에도 차이가 있다. 스스로에게 질문을 던지는 사람은 자신이 어디에 서 있는지 그 좌표를 확인하고 목표와의 상대성을 감지하면서 무엇을 어떻게 해야 할지 답을 찾는 과정이 작동된다. 그리고 지속적으로 질문을 던지면서 계속 올바르게 나아갈 수 있도록 보정시키는 역할을 한다. 그에 반해서 질문이 없는 사람은 암흑 바다를 헤매는 엔진 꺼진 배와 같은 신세일 것이다. 그저 바람과 조류에 밀려 떠다니는 신세이다. 그렇게 떠다니다가 위험한 태풍을 만나 배가 바다 속으로 사라지는 운명에 놓이게 될지도 모른다.

관심이 많아야 질문이 생긴다

질문은 의존적인 사람에게서는 나오기 어렵다. 문제가 생기거나 어려움에 봉착하면 기댈 사람에게 대신 문제를 풀어주기를 요청하며 의존하는 경향이 있기 때문이다. 그는 스스로 자문하고 방법이나 해결을 위한 대안을 찾지 않는다. 그에게 답은 오직 자신이 의존하는 사람인 것이다. 부모에게 의존해야 할 아이들이나 학생들은 아직 어리기 때문에 속 깊은 질문을 기대하기는 어렵다. 부모가 인도하는 대로, 시키는 대로 따라 온다. 우리나라 문화에서는 그런 경향이 농후하다. 그런데 그렇게 자란 아이들은 성인이 되어서도 그 틀을 벗어나기가 어렵다. 자칫 자신과 주변에 대한 관심 없이 말초적이고 자극적인 것만 탐닉할 가능성도 있다. 스스로 질문을 던지기도 쉽지 않고, 외부로부터 질문이 주어져도 스스로 답을 찾기보다는 부모에게서 답을 구하려 한다.

스스로가 온전히 자신일 때 각이 살아 있는 예리한 질문을 하기 시작한다. 본인의 독립성과 개체성을 깨달을 때 속 깊은 질문이 나오기 시작한다. 삶의 철학, 결혼, 직업, 인간관계, 부모 등에 대하여. 이때부터 질문들로 인한 추진력이 나온다. 행동이 나온다. 배로 비유하자면 항해가 시작되는 것이다. 그전에는 단지 항구에 정박해 있는 배였을 뿐이다. 진정한 질문은 배의 프로펠러를 작동시키는 동력과 같은 것이다.

질문 중에서도 예리한 질문, 좋은 질문이 있는데, 사물과 상황에 대한 이해가 높지 않고 관심이 없으면 생기지 않는다. 이것은 회사 업무에서도 마찬가지다. 직장생활을 오래 하면서 느낀 점은 업무에 관해서 아랫사람이 질문이 많고 미처 생각지도 않은 발상을 얘기하면 해야 할 일들의 재정리가 일어나면서 업무 진척에 크게 도움이 된 경우가 많았다. 그런데 업무에 대해 질문이 생기려면 그 일에 관심이 많아야 하고 꼼꼼해야 한다. 실제 통계를 만들거나 자료를 만들다 보면 막연하게 생각했을 때와는 다르게 문제점이 노출되거나 완전히 상황을 다르게 해석해야 하는 경우도 벌어진다.

시키는 일만 하는 사람에게선 질문이 없다. 그마저도 시키는 대로가 아닌 엉뚱하게 일을 하면 좌절이다. 답이 없다. 질문이 없는 직원들은 회사 업무에 대해 관심이 없는 경우가 많다. 출퇴근 시간을 지켜 회사에 앉아 있을 뿐이지 주어진 업무에 대해 알려고도 하지 않고, 설사 안다 하더라도 자기 소관이 아니라고 생각하고 시키는 일, '딱 거기까지만' 일 처리를 한다. 일이라는 것이 주어진 상황 변화에 따라 상사가 시키는 방식이 아닌 다른 방식으로 대처해야 하는 경우가 발생할 수도 있다. 그럴 때는 대개의 경우 촉이 온다. 그러나 업무에 관심도 없고 질문도 없는 직원의 경우에는 그냥 시키는 대로만 할 뿐이지 적극적으로 의문을 갖고 상사에게 자문을 구하지 않는다. 그렇게 의문을 덮어버리면 시간이 꽤 흐른 후에 문제가 불거져 터져 나온다. 그때는 호미로 막을 것을 가래로도 못 막는 상황이 온다. 그 직원은 단지 시키는 일을 했을 뿐이라고 항변한다. 답답한 노릇이다.

1퍼센트의 디테일이 100을 만든다

좋은 질문이 나오려면 꼼꼼한 관찰과 상황을 잘라서 해석하는 노력이 필요하다. 사물을 전체적인 덩어리로 볼 때는 실체가 잘 보이지 않을 수 있다. 그러나 잘게 잘라서 부분별로 보면 보이지 않던 것들이 보인다. 한때는 사소한 것들은 단지 소소하고 부분일 뿐 거시적으로 보고 큰 맥락에서 일을 바라보고 처리해야 한다고 생각했다. 그래야 큰일을 할 수 있고, 일도 속도 있게 해나갈 수 있다고.

틀린 이야기는 아니지만 그것만으로는 사상누각沙上樓閣이 될 수 있다. 그렇게 되면 상황을 두루뭉술하게 볼 수 있고, 숨어 있는 문제에 대한 질문거리를 발견하지 못하게 된다. 여기저기 놓치는 부분들이 생기고, 결국 발견하지 못한 숨어 있는 문제들이 시간이 흐르면서 곪아 터진다는 것을 알게 되었다. 디테일을 놓치면 일을 대충 보고 대충 했다는 얘기와도 통한다. 집을 짓는 것도 벽돌 하나하나가 모여서 되는 것인데, 벽돌 하나하나를 부실한 것으로 쓰거나 각을 제대로 맞추지 않고 쌓는다면 제대로 된 집이 만들어질 수가 없지 않은가.

일을 세부적으로 들여다보고 꼼꼼하게 분석하고 처리할 때 그 결과도 훨씬 좋아질 것은 자명하다. 이러한 과정 중에 좋은 질문이 나오고,

그 질문의 답을 찾고 실행하는 과정에서 성취도도 높아진다. 사소한 것을 놓치느냐, 아니면 포착하고 대응하느냐에 따라 그 결과는 상상 이상의 것이 될 수 있다. 시작에서 결과까지의 하나의 과정이 선명해지고 군더더기가 없어진다. 『이기는 습관』의 저자 전옥표는 다음과 같은 디테일의 예를 들었다.

사소한 것이 큰 차이를 만든다. 초밥을 만드는 것은 그냥 식초로 버무린 밥에 와사비를 조금 얹고 생선회 한 조각을 추가하는 것으로 간단하게 보일지는 모르지만 물이 1퍼센트만 더 들어가도, 손의 온도기조금만 높거나 낮아도 초밥의 맛이 현저하게 달라진다. 성공과 실패의 엄청난 차이를 만들어내는 것도 막상 그 과정을 들여다보면 어처구니없는 사소한 것 한두 가지 때문인 경우도 많다.

나는 일식을 그다지 좋아하지 않는다. 그러나 초밥은 쫓아다니면서 먹을 정도는 아니어도 식탁에 있으면 손이 가는 정도다. 일식에 문외한인 입장에서 초밥은 만들기 쉽고 간단하게 보인다. 잘 지은 밥, 생선 그리고 와사비, 이것들을 적당한 모양으로 잘 얹기만 해서 만들면 될 것같은데 그렇지가 않은 모양이다. 초밥 쉐프로서 어느 정도 경지에 다다르려면 밥 짓기 3년, 밥 쥐기 8년이라는 숙련 기간이 필요하다고 한다. 초밥의 이면에는 생선을 손질하고 절이는 것에서부터 밥 짓는 것까지 간단치가 않은 모양이다. 초밥 맛의 완성도를 가르는 1퍼센트의 차이는 일본인 특유의 꼼꼼하고 세심한 질문, 즉 어떻게 하면 좀 더 맛있을 수 있을까를 셀 수 없는 시도와 실패를 겪은 후에 깨치고 완성되었을 것이다. 사소한 것을 놓치지 않는 질문을 통해서 지금은 일본을 대표하는 세계적인 음식으로 자리매김한 것이다.

『디테일 경영』의 저자인 중국 칭화대 왕중추 명예교수도 1퍼센트의 실수가 100퍼센트의 실패를 부르기도 하고, 1퍼센트의 정성으로 200퍼센트 이상의 성공을 거둔다고 설파한다. "작은 일에 최선을 다하고 섬세해야 큰일도 대담하게 이룰 수 있다"고 강조한다. 그리고 디테일이 결코 지엽적이거나 말단적인 것이 아니라 일종의 진지한 태도이자 과학정신이라고 말한다. 그가 과학정신이라는 말하는 이유는 꼼꼼한 관찰과 잘라서 해석하는 노력을 통해서 정곡을 찌르는 질문이 나오고, 그것을 해결하는 답을 찾는 일련의 과정을 의미하는 것이기 때문이다.

그리고 디테일이 강한 사람에게는 신뢰가 간다. 왜냐하면 그 꼼꼼함과 치밀함으로 일을 그르치거나 약속을 어기는 일이 없기 때문이다. 설사 약속을 어기게 되더라도 불가피한 전후 사정을 사전에 설명하고 가능한 차선의 방도를 제시할 것이다.

좋은 질문이 소통을 살린다

나는 대부분의 커리어를 세일즈맨으로 살아왔는데, 초보 세일즈맨 시절에 잘못 생각하고 있는 것이 있었다. 영업은 말을 잘해야 하고 상대방에게 내가 가진 지식을 최대한 과시해야만 한다고 생각했다. 내가 얼마나 똑똑한지를 보여야만 상대방과의 기싸움에서 이기고, 그래야만 상황을 나에게 유리하게 만들 수 있다고 생각했던 것이다. 그래서 영업 초창기에는 고객 앞에서 의도적으로 말을 많이 하려고 했다. 내가 얼마나 많이 아는지 알리고, 꼭 이 아이템뿐만 아니라 다방면에서 많이 알고 있음을 드러내려 했다. 나의 무게감을 상대에게 각인시키려 애썼다. 30대 후반까지는 그것이 먹히는 줄 알았다. 그러나 어느 정도 영업의 연륜이 쌓이고 책을 읽기 시작하면서, 특히 훌륭한 선배들의 조언을 들으면서 그것이 일차방정식 수준의 사고라는 것을 깨달았다.

모든 비즈니스가 그러하지만 특히 영업에서는 나의 주장을 상대방, 즉 고객에게 강제하기보다는 상대방의 상황이 어떠하고, 어떤 수요와 필요가 있는지를 이해하는 것이 중요하다는 것을 깨달았다. 그래야만 고객의 상황에 맞는 올바른 대응과 해법을 제공할 수 있기 때문이었다. 그러기 위해서는 가장 중요한 것이 유효한 질문을 던져야 하고, 고객이 자신의 이야기를 풀어놓을 수 있는 분위기를 만들어 그의 이야기를 경청해주어야 한다. 고객들은 처음에는 자기 회사 상황을 속속들이 얘기하는 것을 꺼려하지만 영업하는 사람이 제대로 진정성을 보이고 고객이 스스로 귀하게 대우받고 있다고 생각하면 때에 따라서는 그 회사의 최고기밀이 아닌 이상 많은 정보와 방향에 대한 이야기를 해준다. 그 내용을 바탕으로 적절하고 유효한 다음 행동을 이끌어낼 수 있다.

이것은 비단 영업하는 사람과 고객 사이에서만 중요한 것이 아니다. 가족뿐만이 아니라 친구, 일반적으로 만나는 사람들과의 관계에도 모두 해당된다. 왜냐하면 사람들은 기본적으로 자신의 이야기를 하는 것을 좋아하기 때문이다.

여러 사람들이 모이는 자리에서 돌아가면서 말을 하게 되는 경우가 있다. 처음에는 쭈뼛쭈뼛하면서 사람들 앞에서 말을 잘 못한다는 둥, 말주변이 없다는 둥 꺼리다가도 일단 이야기를 시작하면 끝이 없이 이어지는 상황을 많이 보았다. 이제 그만 말을 끝내라고 눈치를 주어도 막무가내이다. 친구들 사이에서도 마찬가지이다. 술자리에 모여 얘기를 시작하면 서로들 얘기에 끼어들기가 쉽지 않을 정도로 말들의 성찬이어서 여간 시끄러운 게 아니다. 이렇듯 사람들은 남의 얘기를 들어주기보다는 내 얘기 하기를 좋아한다. 그리고 종종 대화 중에 상대방을 설득시키려는 사람이 있다. 그런데 사람들은 설득당하는 것을 싫어하고 쉽게 설득당하지도 않는다. 그러니 말이 많아질 수밖에 없지 않는가.

사람의 관절 중에 아이러니한 부분이 있다. 관절염이 없는 관절이 있는데 그것은 사람의 턱, 즉 악관절이란다. 먹으랴 말하랴 잠시도 쉬지 않는 턱은 관절이 쉬고 싶어도 쉴 수가 없다. 그래서 그런지 사람들은 쉴 새 없이 자기 이야기 하기를 좋아한다.

김성회 CEO리더십 연구소장의 『리더를 위한 한자 인문학』 중 '소통'이란 단어의 '疎'에 대한 한자 풀이가 주목할 만하다.

성글·트일 '소疎' 자는 '곡식이나 긴 물건 따위를 짝이 되도록 성기게 묶는다'는 의미를 가지고 있다. 곡식을 추수할 때 수분이나 물기가 남아 있어 줄기를 꽉 동여매면 곡식이 모두 썩기 때문에 공기가 통하도

록 성기게 묶어야 오래 보관할 수 있다는 맥락에서 나온 한자다. 이것
이 후에 '공기가 통하게 공간을 트다'는 의미로 발전했다.

소통은 여지가 있도록 성기게 해야 잘 통한다는 뜻일 것이다. 사람
들과 대화를 나누다 보면 얘기하는 것보다 들어주고 경청하는 것이 더
어렵다는 것을 느낀다. 상대방의 말을 자르고 끼어들고 싶어도 의도적
으로 절제하고 상대방에 대한 배려가 필요하기 때문이다. 오히려 상대
방이 더욱 신나서 자신의 생각과 얘기를 풀어낼 수 있도록 중간중간에
동의나 공감의 추임새를 넣어주면 더욱 좋다.

정답은 없고 좋은 질문만 있을 뿐이다

비즈니스에서는 많이 말하는 것보다 경청
하고 질문을 잘해야 함은 두말할 필요도 없다. 뛰어난 세일즈맨으로 인
정받는 이들을 보면 그들은 적절하면서도 좋은 질문을 하는 사람이다.
좋은 질문을 통해 고객이 자신의 상황과 무엇을 원하는지를 자연스럽
게 이야기할 수 있도록 도와주는 사람이다.

좋은 질문을 하기 위해서는 그 일과 고객에 대한 모든 정황을 꿰뚫고 있어야 한다. 관련 업무 및 산업 전반에 대하여, 고객사社에 대하여, 취급하고자 하는 품목과 담당자에 대해서까지 파악하고 있어야 한다. 그래야 정확한 질문을 할 수 있다. 어떤 질문을 던지느냐에 따라 고객은 나의 내공과 능력을 간파한다. 그것은 나에 대한 신뢰도까지도 이어진다. 미팅에 대한 만족도도 높아진다. 그러기 위해서는 '헬리콥터 시각 helicopter view'이 필요하다. 마치 헬리콥터에서 아래 상황을 내려다보듯 전체적인 상황을 이해하고 아우르는 시각이 필요하다는 의미이다. 이를 위해서는 헬리콥터처럼 자신을 띄우는 노력과 대화를 주도하는 자세가 필요하다.

세밀한 관찰과 충분한 이해를 통해서 좋은 질문이 만들어진다. 그리고 질문의 답을 하나씩 찾아나가는 과정을 통해 업무와 관계가 쫀득쫀득하게 돌아간다. 그러한 일련의 과정을 거치면서 통찰력도 발전하고 지식도 깊어지고 넓어진다. 비즈니스의 성공 가능성이 높아지고 재미가 생긴다. 결론적으로 결과도 나타나고 보상도 생기고 전체적으로 선순환으로 돌아간다.

세계적인 기업들도 주변 시장 여건의 변화로 정체가 오고 위기가 왔을 때 올바른 질문을 통해 해답을 찾고 그 위기를 극복한 사례가 있다. 기업에서 마케팅의 또 다른 무기는 질문이다. 새로운 가능성을 발견하고, 드러나지 않는 이슈를 찾아내는 비기秘技이다. 한 예가 세계적인 완구 기업인 '레고'다.

레고는 디지털게임기 때문에 매출 하락이 찾아왔다. 그들은 '아이들은 어떤 장난감을 좋아할까?'라는 질문에만 집착했다. 그러다 보니 상황을 개선할 해결책을 찾을 수는 없었다. 그런데 답은 전혀 다른 질문에서 나왔다. '아이들에게 놀이란 무엇일까?' 아이들에게 놀이란 도전, 성장, 자부심이란 결론을 내렸고, 디지털게임기 따라 하기가 아닌 난이도가 더 높은 단계별 제품을 출시했다. 결과는 대성공이었다.

세상에서 가장 혁신적인 기업으로 알려진 구글의 기업 가치를 판단할 때 현재의 실적이나 아이템보다는 구글의 기업 문화를 보게 된다는 모 기자의 글을 본 적이 있다. 그들의 문화는 '개방성과 다양성'에 기초하고 있는데, 그러한 문화는 호기심으로 충만해서 끊임없이 질문하는 사람들로 가득 채우게 한다. 구글은 사람을 뽑을 때 경험이나 실적보다는 객관적인 데이터를 중시하는데 예비 지식이 너무 많으면 질문과 혁신을 방해할 수 있기 때문이다. 기존의 생각과 경험에 갇힐 우려가 많다는 뜻일 것이다. 구글의 창업자이자 CEO인 래리 페이지는 "실패한 기업들은 미래를 놓쳤기 때문이다. 우리는 미래를 놓치지 않기 위해 호기심을 가지고 계속 질문한다"고 말한다.

경영 대가들의 수퍼스타로 자리매김한 중국의 장루이민張瑞敏 회장 또한 빼놓을 수 없다. 그는 세계 1위 백색가전 기업인 하이얼그룹을 30년째 이끌고 있다. 2015년 11월 모 일간지와의 인터뷰에서 경쟁이 치열한 가전 부문에서 후발 주자로 정상에 오른 비법은 무엇인가라는 질문에 "저는 기업 경영에 정답은 없다고 생각합니다. 오직 질문만이 있을 뿐입니다. 상황이 바뀔 때마다 적절한 질문을 하고, 그 질문에 대한 답을 구하는 과정이 경영이라고 생각합니다. 기업들이 실패하는 이유를 분석해보면, 리더들은 형식적으로 경영을 하고, 직원들은 보여주기 식으로만 일하기 때문입니다. 이런 기업들은 영혼이 없는 것과 같습니다"라고 답변했다. 1984년 중국 칭다오青島에서 다 쓰러져가던 작은 냉장고 공장으로 시작해서 2009년 전 세계 가전 부문에서 미국 월풀을 누르고 세계 1위의 기업으로 키운 기업가의 성공 노하우도 질문이었던 것이다.

무한 경쟁의 세계시장에서 글로벌 기업들도 지속적으로 성장하고 살아남기 위해서 치열하게 변화와 혁신을 꾀하고 있다. 그 단초가 되는 것이 바로 질문의 힘인 것이다.

질문에 관하여 다시 정리해보자면 다음과 같다.

1. 자신과 주변에 대한 세심한 관심과 관찰이 필요하다.

2. 상황을 거시적으로 보는 것뿐만이 아니라 상황을 잘라서 이해하고
   분석하는 것이 필요하다. 숨겨진 문제가 발견이 된다.

3. 내가 말을 많이 하기보다는 상대방의 이야기를 많이 들어주고 경
   청해야 한다. 개인의 능력은 얼마나 내가 많이 아는가를 설파하는
   것이 아니라 상대방의 말을 인내를 갖고 잘 들어주는 것이다.

4. 끊임없이 질문하고 답을 구하는 과정을 통해 개인의 통찰력과 안
   목이 향상이 되고 다시 좋은 질문을 던질 수 있는 선순환을 만든다.
   선순환의 단초가 질문이다.

5. 질문은 개인의 사고를 탱탱하게 해주고 공부하고 움직이게 한다.
   일련의 과정에 역동성을 부여한다.

6. 좋은 질문은 조직내부를 환기시키고 일의 진행을 옳은 방향으로
   갈 수 있도록 보정을 해준다.

Chapter 8

잉여 영역은 확장의 디딤돌이다

우리 사회에서 창의성이 필요한가

언젠가 독서 모임에서 우리나라 교육에 관한 책을 읽고 발표하는 중에 '창의성'이란 주제가 나왔다. 우리나라 사람들이 특히 키워야 할 덕목이 창의성이라고 힘주어 얘기하고 있는데, 참석자 중 여성 한 분이 진지하게 "우리나라에서 젊은이들에게 정말 창의성이 필요한 것이냐"고 반문을 해왔다. 그 이유는 우리나라에서는 학교를 졸업하고 기업에 취직을 하면 그 조직의 일원으로서 고분고분하게 말 잘 듣고 순종을 해야 회사로부터 인정받고 빠른 승진도 하고 성공적인 직장인으로 자리 잡을 수 있을 것이란 생각에서다. 창의적인 성격의 사람이 튀는 행동과 강한 개성으로 조화롭게 조직생활에 맞추어 일을 해나갈 수 있겠느냐는 걱정이었다. 직장생활을 오래 해왔던 사람으로서 일정 부분 수긍할 수밖에 없었다. 전통적인 유교 관념과 주입식 교육이 조직 내에서의 상명하복과 무조건적인 순종을 제일의 가치로 내세우게 했던 것도 사실이다. 지금도 이러한 부분을 무시할 수는 없다. 왜냐하면 지난 1,500년 이상을 유교가 우리 사회의 지배 윤리와 가치로 이어왔다. 조선시대, 특히 조선 후기의 유교 사회는 성리학에 대한 편협한 규정과 지나친 강박으로 중국보다 더 유교적인(?) 가치가 팽배해 있었다.

유교의 도덕은 사람을 위한 도덕이 아니라 정치를 위한 도덕이었고, 지배층과 기득권자를 위한 도덕이었다. 유교 문화가 지배했던 조선 시대는 사대부와 양반 중심의 신분 윤리가 강화된 사회이다 보니 일반 백성과 피지배계층에게는 복종과 침묵이 제일의 덕목으로 강요되었다. 자유로운 생각과 표현이 차단되는 억압받는 사회였다.

이렇게 부자연스럽고 경직된 사회는 사람들도 이중적이 된다. 양반들은 겉으로는 공자왈, 맹자왈 그럴듯한 얘기들을 지껄이지만 실제로는 백성들을 수탈하고 가렴주구苛斂誅求를 일삼았다. 전쟁이 나거나 외침犯侵을 받으면, 평소에는 거만하게 뒷짐 지고 걷던 양반들이 제일 먼저 살겠다고 내빼던 위인들이었다. 결국 한일합방이라는 치욕적인 역사를 맞이하지 않았던가! 전통적인 유교 사회는 창의성의 '창' 자도 갖다 붙이지 못할, 인간 본성이 왜곡되고 인간 차별이 횡행하는 신분사회였고, 뒤틀리고 경직된 사회였다. 우리 사회가 여전히 유교의 부정적 가치가 득세하고 창의성이 필요한지에 대한 의문을 갖는 사회 분위기라면 매우 슬픈 일이 아닐 수 없다. 그러나 그사이 우리나라는 빠른 산업화와 경제성장을 통해 선진국으로 진입하기 위한 길목에 와 있을 정도로 많이 발전했고 세계 위상도 크게 달라져 있다. 그리고 현재 우리나라 직장에서의 문화나 시스템이 이미 많이 달라져 있고, 나아가는 방향도 보다 자율적인 환경에서 직원 개인들의 창의와 자발성을 진작시키는 쪽으로 가고 있다. 그럼에도 불구하고 여기에서 실제적인 관점에서 다뤄보고 싶다.

직장인과 창의성은 상극인가?

창의성을 갖는 사람은 회사와 조직생활을 못할까?

모든 사물이나 일들은 양면성을 갖고 있다. 긍정적인 부분과 부정적인 부분이 있다. 즉 '되는 이유'가 있고 '안 되는 이유'가 있다. 그런데 대부분의 사람들은 수비적으로 사물을 보거나 상황을 이해하는 경향이 있다. 수비적으로 이해하는 사람들은 대개 '안 되는 이유'를 보고 분석한다. 그래서 섣불리 그 일에 도전하거나 그 방향으로 나아가길 주저한다. 안 되는 이유를 보는 사람은 아무리 그 분석이 명석하고 뛰어나다 해도 일에 대한 성취나 그로 인한 이득을 볼 가능성이 적다. 당연히 '되는 이유'를 찾아 움직이는 사람들에게 기회가 생기고 그에 따른 성과와 성취가 생길 가능성이 훨씬 높다.

창의성에 관한 주제도 같은 맥락으로 볼 수 있을 것이다. 창의성을 가지고 자기표현을 적극적으로 하는 사람이 얻는 것보다는 잃는 것이 많다고 보는 것이다. 되는 쪽보다는 안 되는 쪽으로 해석한다. 조직이나 회사에 몸담았던 사람이라면 한 번은 들어봤을 말도 있다. "잠자코 가만히 있으면 중간이라도 간다." 이 말이 지금도 실효성이 있는지 의문이다. 얻는 것에 대한 기쁨보다는 잃는 것에 대한 두려움에서 벗어나려 하다가 결국은 그나마 가지고 있는 것조차도 잃는 결과가 초래될 것이다.

창의성이란 무엇인가? 창의성에 대한 책도 많고, 그에 대한 정의도 다양하다. 간단히 말하자면 남들이 보지 못하는 것을 보는 새로운 시각과 생각이 창의성이다. 사람들이 항상 보고 지나치는 주변의 흔한 사물에서도 무언가 다른 것을 끄집어내거나 새롭게 해석하는 능력이다. 새로움에 대한 연결이다. 이를 위해서는 사물에 대한 호기심과 높은 관심이 밑바탕이 되어야 한다.

스티브 잡스는 창의성을 그저 '연결'이라고 표현했다. 창의성은 무에서 유를 창조하는 것이 아니라 기존 토대 위에서 도출되는 것이다. 그리고 창의성은 내적으로 배양한다고 해서 길러지는 것이 아니다. 남들이 해보지 않은 직·간접의 경험을 통해 기존의 생각과 부딪히면서 형성되는 것이다. 프로그 디자인의 로버트 파브리칸Robert Fabricant은 창의성에 관해 "창의성은 내 안에 있는 것이 아니다. 그것은 우리 사이에 존재하는 것이다"라는 폐부를 찌르는 말을 했다. '사이'라는 말은 새로운 경험과 기존에 있는 개념의 연결이라는 의미일 것이다. 다른 생각을 가진 사람들을 만나고 새로운 경험을 많이 해야 그 사이에서 연결의 접점이 생기고, 결국 창의성으로 도약이 가능하게 되는 것이다. 절대 학원이나 기관에서 배울 수 있는 것이 아니다. 창의력은 규격화할 수 없고 표준화할 수 없다. 따라서 가르칠 수 있는 과목이나 주제가 아니다. 상자에 담을 수 있을 만큼 표준화할 수 있다면 이미 창의력이 아닌 것이다.

창의적인 사람들은 자신만의 일을, 자신만의 사업 형태로 추구하는 것을 선호할 수도 있겠지만, 일단 기존 회사에 취업하기를 원한다면 창의적이지 않은 사람보다는 채용될 가능성이 훨씬 높다. 우리 사회의 패러다임이 지식정보화 사회로 변하면서 회사에서도 현실에 순응하고 기존 체계에 잘 편입하여 자리 잡는 인간형보다 계속 도전하는 창의적인 사람을 원하는 추세인 것은 분명하다. 우리나라 기업들도 이제 우물 안 개구리가 아니다. 살벌한 글로벌 시장에서 지속적인 성장을 통해 살아남기 위해서는 구태의연하고 종래의 묵은 가치관과 운영 마인드로는 세계의 경쟁자들과 상대해서 이길 수가 없다.

남들이 만들어놓은 답에서 해답을 찾는 시대는 지났다. 스스로 우리만의 질문을 만들고 창의적이고 진취적으로 새로운 것을 만들고 일구어나가지 않으면 세계 시장의 뒤안길로 밀려나고 말 것이다. 따라서 기업의 인재관도 과거와는 다르게 바뀔 수밖에 없고, 미래의 기업 환경에 걸맞는 사람을 찾지 않으면 안 되는 것이다. 취업준비생들은 자신의 스펙 강화를 위해 노력을 하지만 이것은 내가 느끼기에도 진부한 느낌이 있다. 오히려 스펙 쌓기에는 관심이 없고 자신이 하고 싶어하는 것을 하고, 면접에서는 당돌할 정도로 자신 있게 자신의 의견을 피력했던 사람이 대기업에 합격한 얘기가 들린다. 이제는 틀에 박힌 정답형 대답에는 그리 점수가 가지 않을 것이란 생각이다.

밀려 사는 삶은 신바람이 나지 않는다

조직에 잘 순응하고 모나지 않는 착실한 취업준비생이 취업에 성공했다고 가정하자. 대기업에 입사해서 그 회사에서만 승부를 보겠다고 작정을 하고 사는 사람이라면 여러 가지로 힘들어질 가능성이 많다. 평생 직장 개념은 이미 깨졌다. 우리 경제는 세계 경제에 노출되어 있고, 세계 경제가 어려워지면 우리나라 기업들도 바로 타격받을 수밖에 없다. 그때마다 구조조정이란 칼을 들고 나올 수밖에 없고, 자리가 불안해질 수밖에 없다. 당사자도 언제 나와야 할지 알 수 없는 일이다. 게다가 우리나라 자체가 이미 저성장기에 접어들었기 때문에 구조조정의 횟수는 지금보다 더 잦아질 수밖에 없다. 스스로에게는 아무런 통제권도 없고, 누군가에 의해 이리 끌리고 저리 밀리고 하다가 뒤안길로 사라질 가능성이 높다.

밀려 살기 시작하게 되면 계속 밀리게 되고, 마음고생은 고생대로 하다가 큰 보람 없이 인생의 주무대가 끝날 가능성이 높다는 데서 다시 생각해야 한다. 이럴 경우 회사를 그만두고 나서는 그에게 큰 위기가 아닐 수 없다. 인생의 다른 옵션이나 가능성을 생각해보지 않았기 때문에, 자신은 인생의 실패자라 낙담해 우울증이 오거나 뒤늦게 내몰리듯

자영업에 뛰어들어 빚더미에 올라앉는 악순환에 빠질 가능성도 배제하지 못한다. 생각하는 대로 살지 않으면 사는 대로 생각하는 삶을 살게 된다.

매스컴에서는 하루가 멀다 하고, 앞으로 기술혁신으로 지금까지보다 더욱 빠른 속도로 산업계는 물론 개인의 삶에까지 상상하지 못했던 지각변동이 올 것이라는 기사와 뉴스가 쏟아져나온다. 2016년 다보스 포럼에서는 인공지능과 로봇의 발달로 5년 뒤 일자리 510만 개가 없어진다는 예상이 나왔다. 가장 빨리 없어질 위기의 직업군으로 고소득 화이트칼라 전문직을 꼽았다. 즉, 의사, 증권사 애널리스트, 석유화학 공학자, 회계사, 세무사 등 고소득 전문직이라는 것이다. 의학 로봇은 머지않아 의사보다 질병을 더 정확히 진단할 것이고, 정교한 컴퓨터 프로그램은 수많은 회계사와 세무사를 실직자로 내몰 것이다. 더욱 큰 문제는 그 동안 '고도의 판단이 필요하기 때문에 기계가 침범할 수 없을 것'이라고 여겨지던 성역聖域이 하나씩 무너지기 시작했다는 것이다. 무인 자동차는 사람보다 뛰어난 운전 솜씨를 선보이고, 컴퓨터는 퀴즈 쇼에서 사람을 이긴다. 얼마 전 이세돌과 알파고의 바둑 대결에서는 모두의 예상을 깨고 알파고가 이세돌을 4대 1로 이겼다. 컴퓨터 프로그램은 교수보다 정확하게 학생의 작문을 채점하고, 아마존은 드론으로 물품을 배송할 예정이다. 이는 비단 직업에서만 멈추지 않는다. 2015년 6월 한 컨벤션에서, 20년을 시스코를 이끌었던 존 챔버스^{John T. Chambers} 전 시스코 회장은 "10년 내 현존하는 기업 중에 40퍼센트는 사라질 것이다"라고 강조했다.

더욱더 심각한 것은 향후 소수의 기술력을 가진 자본가들은 적은 비용으로 많은 수익을 내고 경제를 독점하겠지만 중산층은 새로운 환경에서 수입이 줄고 약화될 것이라는 것이다. 부익부 빈익빈의 사회구조는 더욱 심화될 것이다.

이렇게 격변이 예상되는 앞으로의 세상에서 어떻게 스스로의 위치를 확보하고 살아갈 것인가는 지금까지의 사고와 행동양식으로는 한계에 부닥칠 것이다.

지금껏 그래왔던 것처럼 인류 역사는 한곳에 머물지 않고 살아 있는 생명체처럼 진화하고 발전해왔다. 그것은 만고불변의 진리요, 우리가 어찌지 못하는 부분이다. '4차 산업혁명'이라 불리는 인공지능 기술이 우리 사회를 얼마나 심대하게 흔들어놓을지는 정확히 예측하기는 어려우나 그 폭과 깊이는 엄청날 것이라는 데는 이견이 없다.

그럼 우리가 어떻게 대처해서 살아야 하는가? 우리가 모두 스티브 잡스나 엘론 머스크Elon Musk처럼 천재성을 가진 혁신적인 사업가가 될 수는 없다. 그러나 분명한 것은 새롭게 다가올 세계에 대하여 스스로가 무엇을 해야 할지, 어떻게 살아가야 할지 정하고 담담하게 실행해나가야 한다는 것이다. 이러한 맥락에서 종래에 환영받던 농업적 근면성과 우직함을 가진 인간형에서, 창의성을 가지고 적극적으로 현실을 타개해나가는 유형의 사람이 긴 생명력을 갖고 결국은 사회의 리더가 될 것이다. 무엇보다도 밀려 사는 삶은 신바람이 나지 않는다. 나에 대한 통제권을 내가 아닌 타인이 쥐고 있고, 결국 그 회사나 조직을 떠날 때도 내가 아닌 타인에 의해 결정된다. 속도가 빨라지는 세상에서는 그러한 상황이 더 심화될 것이다.

'딱 거기까지만'에서 벗어나라

투자의 귀재 짐 로저스Jim Rogers는 그의 책에서 "영국만 아는 사람이 영국을 잘 알까?"라는 질문을 던졌다. 마찬가지로 나도 묻겠다. "한국만 아는 사람이 한국을 잘 알까?" 나 자신과 우리나라를 제대로 알고 싶으면 세계로 나가야 한다. 두루두루 여행을 다니며 다양한 세계를 접하고 나면 나 자신에 대해 더 많은 것을 알게 된다. 여러 경험을 통해 자신의 장단점을 다시 한 번 깨닫게 된다.

외국계 회사들을 다니면서 외국 출장의 기회가 많았다. 1985년 일본에 처음 출장을 갔던 기억이 지금도 생생하다. 처음으로 우리나라를 벗어났을 때 기쁨과 더불어 충격으로 일본을 보았다. 당시 일본은 역사상 최고의 전성기를 구가하고 있던 때였고, 우리나라와는 경제적으로 격차가 엄청날 때였다. 이 당시 주식시가 총액기준 세계 50대 기업 순위 중에 3분의 2가 일본 기업들이었다. 농담 빈 진담 빈으로 "도쿄 땅을 전부 팔면 미국 땅을 전부 살 수 있다"라는 말이 유행처럼 돌기도 했다. 물론 다 알다시피 일본은 이때 쌓인 거품들이 훗날 꺼지면서 잃어버린 20년을 겪는다. 어쨌든 실제 가서 보니 일본은 막연하게 알던 것과는 많이 달랐고, 진지하게 나 자신과 우리나라를 되돌아볼 수 있었다.

나는 창의성으로 가는 첫걸음이 '딱 거기까지만'이라는 마인드를 벗어나는 것이라고 생각한다. 우리는 학교를 다닐 때부터 범위에 익숙하다. 중간고사, 기말고사 등의 시험을 볼 때면 시험 범위가 매우 중요했다. 혹시 선생님이 시험 범위를 벗어난 문제를 내기라도 하면 시험이 끝나고 학생들이 선생님에게 크게 항의하곤 했다. 공간적으로도 학생들이 출입할 수 없는 학생 출입금지 구역이 있었다. 그래서인지 알게 모르게 우리는 생각과 행동도 그 '범위'란 것에 얽매여 있는지 모르겠다. 물론 모든 일에는 규범과 정의定義가 필요하다. 이것을 부정하는 것은 아니다. 그러나 생각과 사고에서는 '딱 거기까지만'이라는 범위를 벗어나는 시도를 하여야 한다.

어느 책인지는 기억이 잘 나질 않지만 지금도 머릿속에 각인된 내용이 있다. 어느 회사의 영업부서에서 전년 대비 판매 목표 설정을 하는 상황이었다. 전년 대비 5퍼센트 성장을 목표로 둔 직원과 30퍼센트 성장을 목표로 둔 직원이 있었는데, 그들의 목표달성 가능 여부에 대한 이야기였다. 둘 중 어느 직원이 최종 목표달성에 성공할까, 라는 질문에 일반적인 예상과는 달리 30퍼센트 성장을 목표로 한 직원은 달성을 하고, 5퍼센트 성장을 목표로 한 직원은 실패를 한다는 것이 그 책의 내용이었다.

왜냐하면 5퍼센트 성장을 목표로 한 직원은 지금까지 해온 방식대로 안이하게 접근하다가 결국은 5퍼센트 성장조차 해내지 못할 가능성이 많다는 것이고, 반면에 30퍼센트 목표를 가진 직원은 지금까지 해온 방식대로 일을 해서는 도저히 그 목표를 달성할 수 없다는 것을 알고,

다른 방법과 행동을 강구할 수밖에 없었다. 결국에는 그 다른 생각과 다른 행동이 목표 달성을 가능케 한다는 내용이었다.

'딱 거기까지만'을 염두에 두고 그것을 추구하는 사람들은 그것마저도 달성하지 못할 가능성이 높다. 『지도 밖으로 행군하라』를 쓴 한비야 씨는 그러한 기개와 포부를 가졌기 때문에 결국 지구를 품을 수 있었다. 월드비전 긴급구호팀장으로서 전 세계에서 재난과 전쟁으로 고통받고 있는 사람들을 돕기 위해 자신이 위험할 수도 있는 험지와 오지를 누비고 다닌다.

많은 청년들이 대학 졸업 후에도 어떻게 진로를 결정해야 할지 모른 채 막막함에 빠져 있다. 안타까운 일이다. 같은 시간을 보내온 인생 선배로서 한 가지 조언을 하자면, 대기업 취업이 목표고 바로 그것이 목표의 100이라면 그는 취업이 안 될 가능성이 높다는 것이다. 그 이상, 즉 100이나 105가 아닌 130 정도의 조금은 벅찬 수위로 목표를 두라고 조언하고 싶다. 어떤 분야가 되었든 준비는 필요한 것보다 많이 해야 한다. 딱 거기까지만이라는 한계를 넘어가야 한다. 그래야만 딱 거기까지라도 제대로 아우를 수가 있다. 요즘은 대학 입시든 취업이든 면접이 큰 비중을 차지한다. 면접에서 나오는 질문들은 대개 예상 가능하다.

그런데도 답을 하기가 쉽지 않다. 면접에서 좋은 점수를 받으려면 누구나 대답할 수 있는 뻔한 답이 아니라, 의표를 찌르거나 독창적인 답을 내놓아야 한다. 딱 100을 준비하는 사람은 대개 경직되어 있고 패턴화되어 있다. 그들은 모범답안 같은 말만 쏟아낸다. 뭔가 색다르고 의표를 찌를 만한 답을 할 여유나 융통성이 없다.

회사의 출근 시간이 오전 9시라면 정확히 9시 출근을 염두에 두고 집에서 출발하는 사람은 5~10분 지각할 가능성이 높다. 마을버스가 예상한 대로 시간에 맞춰 오면 좋지만 때에 따라서는 그렇지 않은 경우가 생긴다. 연쇄적으로 전철도 늦어지는 경우가 생긴다. 운전해서 출근하는 경우도 마찬가지다. 꼭 시간이 아쉬운 듯할 때 길은 더 막히고 신호는 내 앞에서 바뀐다.

출근 시간을 지키는 것은 회사에 대한 기본적인 예의이고, 직원으로서 일에 임하는 자세로 간주된다. 어쩌다가 지각하는 경우에도 회사 입장에서 보면 용납하기가 어렵다. 개인적으로 출근 시간보다 30분에서 한 시간 일찍 출근하기를 권한다. 아침에 일찍 여유 있게 출근하여 잉여 시간을 갖게 되면 사전에 그날의 일정과 할 일을 점검하면서 충실히 준비할 수 있다. 이는 허겁지겁 출근해서 그날의 일과를 제대로 준비하지 못한 채 바로 업무에 뛰어드는 직원과는 비교할 수가 없다.

확장은 세렌디피티의 법칙을 만든다

내가 과거에 다녔던 회사 중에 몬산토라는 미국 회사가 있었는데, 담당했던 품목 가운데 뉴트라스위트Nutrasweet란 브랜드를 가진 '아스파탐'이라는 고강도 감미료가 있었다. 설탕보다 200배 단맛이 강하고 거의 열량이 없기 때문에 다이어트 콜라 같은 음료 등에 사용된다. 지금은 유해성 논란 때문에 사용이 많이 위축되어 있는 것으로 알고 있다. 그런데 아스파탐의 발견 경위가 흥미롭게도 '우연'에 의한 것이었다.

1965년 미국의 화학자 제임스 슐래터James M. Schlatter가 위궤양 치료제 개발을 위해 연구하던 중, 하루는 종이를 넘기기 위해 손가락에 침을 묻혔다가 매우 강력한 단맛을 느끼고 그것이 조금 전에 실험할 때 묻었던 '아스파틸-페닐알라닌 메틸 에스테르'라는 것을 발견했다. 그것이 곧 아스파탐 발견의 시작이다. 이렇게 우연에 의한 행운의 발견을 '세렌디피티Serendipity의 법칙'이라고 얘기한다.

미국의 사회학자 로버트 머튼Robert King Merton이 명명한 세렌디피티의 법칙은, 생각지도 못했던 것을 우연히 발견하는 능력, 열심히 일하는 행복 속에서 찾아오는 행운, 행운을 불러오는 힘이나 능력 등의 의미로 폭넓게 사용되고 있는데, 특히 과학 분야에서 세렌디피티의 법칙이 널리 사용되었다. 하찮게 생각하는 우연과 우연이 가져다준 뜻밖의 결과에 의하여 과학은 가끔 큰 걸음을 내디뎌왔음은 과학의 발달사 속에서 얼마든지 찾아볼 수 있다. 신약 개발의 배경과 역사를 살펴보더라도 '세렌디피티 효과'에 의하여 탄생한 약은 의외로 상당히 많이 있음을 알 수 있는데, 원조는 플레밍이라고 할 수 있다.

영국의 미생물학자 알렉산더 플레밍Alexander Fleming은 1928년 어느 날 여느 때와 다름없이 미생물을 배양하는 실험을 하고 있었다. 그런데 그날 실수로 그만 포도상구균을 배양한 배지 접시의 뚜껑을 열어둔 채 퇴근을 하였다. 다음 날 아침 실험실에 출근하여 보니 뚜껑을 열어놓고 퇴근한 것을 알게 되었고, 배지 접시 위에 배양한 포도상구균이 부분적으로 죽어 있음을 보고 뭔가 이상하다고 느꼈다. 관찰력이 없는 보통의 연구자라면 그냥 버렸을 배지를 가지고 플레밍은 포도상구균의 생육을 억제하는 곰팡이균을 발견하게 된다. 그리고 이 푸른 곰팡이가 분비하는 물질 때문에 포도상구균이 죽은 것을 알게 되었다. 이 물질을 '페니실린'이라고 불렀는데, 페니실린은 포도상구균뿐만 아니라 각종 병원성 미생물을 죽이는 효과가 탁월한 것을 밝혀냈다. 이리하여 페니실린은 인류를 각종 감염성 질환으로부터 해방시킨 항생물질의 효시가 되었고, 항생물질 덕분에 인류의 평균수명은 20세기 중반부터 크게 늘어나게 되었다.

또 하나의 예로는 당초 고혈압 치료제로 개발하려다 부작용 때문에 퇴출될 운명에 처했던 약물 이야기다. 실험에 사용한 토끼 생식기의 해면체를 충혈시킨다는 사실을 우연히 발견한 화이자의 한 연구원에 의하여 21세기 최대 의약품으로 꼽히는 발기부전 치료제 '비아그라'가 탄생하였다. 그리고 노인들의 눈꺼풀 주위가 떨리는 안검 경련을 치료할 목적으로 개발한 주사약이 오히려 주사 맞은 부위의 주름을 없앤다는 사실을 우연히 발견한 앨러간 제약 개발팀의 노력으로 세계적인 미용 의약품인 '보톡스'가 세상에 나오게 되었다.

이외에도 신약 개발 역사에서 우연에 의한 행운이라 할 수 있는 신약 개발 에피소드는 무수히 많다. 이러한 세렌디피티 효과는 비단 신약 개발 역사에서만 찾아볼 수 있는 것은 아니다.

전자레인지는 1940년대 후반 군수업체에서 일하던 연구원이 레이더 기능을 강화시키기 위한 실험을 하던 중 개발되었다. 연구 중에 주머니에 든 초콜릿을 먹으려고 꺼냈는데 다 녹아 있었다. 직감적으로 전자파의 영향이 아닐까 궁금했던 그는 옥수수를 가져와서 실험했다. 마그네트론이 일정 출력 이상으로 높아지면 팝콘이 된다는 사실을 알아냈다. 결국 전자파를 이용한 방법에 대해 특허를 냈고, 첫 전자레인지가 개발되었다. 그 밖에도 불량 접착제로 전락할 뻔했던 3M의 포스트잇이 세상에 나오게 된 과정은 너무 잘 알려져 있다,

이러한 우연한 발견이나 발명도 '딱 거기까지만'의 마인드나 자세를 가진 사람이었다면 일어날 가능성이 아예 없거나 낮다. 우연은 자신이 하는 일에 최선을 다한, 준비된 자에게만 찾아온다. 평소에 꾸준한 노력으로 실력을 닦아온 사람에게만 세렌디피티의 법칙은 일어난다. 거기까지만 하기로 해서 멈춘 사람보다는 가기로 했던 길에서 벗어났더라도 조금 더 눈여겨보고 관심과 의문을 품고 더 가보는 사람들의 몫이다. 조금 더 들여다보는 세심함과 관심이 생각지도 않았던 행운의 단초가 되어 엄청난 결과를 가져오는 것이다.

잉여 영역이 도약의 발판이다

앞서 말한 신약 개발까지는 아니더라도 우리의 일상생활에서도 조금 더 관심을 갖고 조금 더 해보면 생각지도 못

한 연쇄 반응을 일으키는 경우를 볼 수 있다.

나는 집에 있을 때 설거지를 하는 경우가 많이 있다. 우리 아들도 가끔 설거지를 한다. 그런데 내가 하는 설거지와 아들이 하는 설거지는 분명 차이가 있는데, 아들은 오직 개수대 안에 씻어야 할 식기들만 본다는 것이다. 반면에 나는 설거지를 하기 전에 개수대 안에 있는 식기뿐만 아니라 거실에 놓여 있는 컵이나 그릇들까지도 거두어들이고 개수대 주변까지도 깔끔하게 정리를 한다. 아무래도 아들보다는 더 많이 훈련받은(?) 결과이기는 할 테지만, 내 설거지 방식은 긍정적인 연쇄 반응을 가져올 가능성이 높다. 혹시 있을지 모를 컵을 찾으려고 거실을 둘러보다 보면 보이지 않던 주변이 눈에 들어오고, 설거지 후에 청소까지 할 확률이 높다. 나중에 집에 돌아온 아내에게도 긍정적인 추가 효과가 발생한다. 결국 환경은 물론이고 분위기까지 집 전체가 밝아지는 결과를 낳게 된다.

'딱 거기까지만'을 넘어 생각하고 움직이면 시너지 효과가 생기는데, 그 효과는 단순한 산술적 증대 효과 이상의 결과를 만들어낸다. 어떤 일이 주어졌을 때 주어진 일과 사안을 확장해서 정리하거나 탐색하면 긍정적인 연쇄 효과가 이어지면서 전체적인 선순환을 만들어낸다.

상대성이론을 예로 들면, 아인슈타인Albert Einstein 이전에도 상대성이

론에 거의 근접했던 여러 물리학자와 수학자가 있었다고 한다. 그들은 아인슈타인과 똑같은 공식을 연구했고, 비슷한 자료를 수집했으며, 심지어 똑같은 계산식을 얻기도 했다. 하지만 그들은 결정적인 마지막 도약을 하지 못했다. 아인슈타인은 자신이 상대성이론을 발견할 수 있었던 것은 남들보다 대단한 천재적인 능력도 능력이지만, 기존의 생각에서 좀 더 나아가는 생각의 확장을 시도한 덕분에 그 같은 위대한 이론을 집대성할 수 있었던 것이라고 생각한다. 그는 다른 사람보다 한 걸음 더 내딛은 사람이었던 것이다.

잉여 영역을 갖는 현실 확장을 위해 노력하여야 한다. 기업에서 필요로 하는 인재도 마찬가지다. 최근 GE나 토요타 같은 외국의 글로벌 기업뿐만 아니라 국내 대기업들도 'T자형 인재'를 이야기하고 있다. T자형 인재란 특정 분야에 깊이 있는 지식을 갖춘 전문가이면서, 주변 관련 분야 또는 관계가 없을 것 같은 영역까지도 기본지식을 갖춤으로써 업무를 광범위하게 아우를 수 있는 '통섭형 인재'를 말한다. 소비자를 사로잡는 창의적인 제품이나 서비스는 무에서 창조된 것이기보다는 기존의 제품이나 서비스에 새로운 시선이 더해지면서 나온다. 따라서 자신의 전공 범위를 넘어서는 잉여 영역을 갖고 넓혀나가야 한다. 과거에는 깊이 있게 한 우물을 파는 I자형 인재를 선호한 적도 있었다. 그러나 이제는 달라졌다. I자형 인재는 갖고 있는 정보와 지식이 주변과 연결되지 못하고 딱 거기서 고립될 가능성이 높다. 자기 분야만 알아서는 변화와 혁신을 필요로 하는 현대와 미래 사회에서는 경쟁력을 갖추기 힘들다.

옛날에는 중간 정도만 가면 먹고사는 데 지장이 없다 했는데 앞으로는 그러기가 쉽지 않을 것이다. '무리에서 이탈하지 않고 같이 묻어만 가도 기본은 한다'라는 말이 꽤 그럴듯하게 먹혀들던 때도 있었지만 앞으로는 같이 묻어가다가 함께 퇴출되거나 쫓겨나갈 가능성이 아주 많다. 글로벌 시장의 경쟁 상황은 과학기술의 발전으로 세상의 변화와 함께 하루가 다르게 달라지고 있다. 사람들이 생각하는 안전지대도 빠르게 변하고 있다는 뜻이다. 기업들도 촉각을 세워 그 변화에 뒤처지지 않도록 기민하게 움직여야 하고, 이것은 각 개인도 마찬가지이다. 이러한 때 기업들은 그냥 묻어가는 직원들을 안고 갈 수 있는 시간과 인내를 허용하지 않는다.

경제 활력이 높은 고성장기에는 중산층이 두터워지는 흐름을 보이지만, 저성장 고령화 사회로 진행되어 있는 지금으로서는 사회변동성도 커지고 중산층의 두께도 점차 얇아지고 있다. 더군다나 인공지능의 발전은 향후 직업군의 판도 변화에 큰 영향을 미칠 것이다. 대기업에 들어갔다 해서 혹은 지금 안정적인 직업군에 편입되어 있다 해서 그 누구도 안심할 수 없는 현실이다. 지속적인 현실 확장이 필요하다. 그 시작점은 익숙한 것들을 '다시 보기'가 아닐까.

Chapter 9

유교적 전통과 영업

내가 겪은 영업

내가 본격적으로 영업에 몸담기 시작한 것
은 1980년대 후반, 두 번째 직장인 미국 회사 듀폰의 한국법인, 듀폰코
리아로 옮기면서부터이다. 내가 속한 부서는 농업제품사업부였는데,
당시 세계 최대의 화학 회사이다 보니 주 고객은 국내 동종 분야에서
1, 2위를 다투는 회사들이었다. 한쪽은 사는 입장이고 다른 한쪽은 많
이 팔아야 하는 위치이다 보니 팔아야 하는 우리는 아쉽고 약자의 입장
일 수밖에 없었다. 더군다나 세계적 다국적 화학 회사들이 모두 국내에

들어와서 자사 제품의 판매 극대화를 위해 싸우는, 공급자 과잉 상태의 치열한 경쟁 속에서 그러한 역학구도는 더 심해질 수밖에 없었다.

전략적 접근을 통해 우리 제품의 가치를 고객에게 최대로 각인시키고 고객의 니즈Needs를 충족시켜야 하지만, 한편으로는 자신의 노출 빈도를 극대화하며 무엇보다도 나 자신을 팔아야 한다. 유교적 전통이 강한 우리나라에서는 고객들과 관계를 쌓아나가며 신뢰를 구축하는 것이 중요하기 때문이다.

안면이 트이고 익숙해질 때까지는 어느 고객이든 처음 만나고 접촉하는 것일 수밖에 없다. 생면부지의 고객에게 먼저 전화를 걸어 내 용건을 전하고 미팅을 제안하는 것이 영업의 시작이다. 그리고 내가 팔고자 하는 제품에 대해 효과적으로 설명한 후, 그 제품이 왜 가치가 있는지를 최대한 보여주어야 한다. 이때 그들에게 '나'라는 사람이 신뢰할 수 있는 사람이고, 고객에게 도움이 되는 사람이라는 인식을 심어주어야 한다. 때로는 나를 만나는 것에 관심이 없는 사람도 찾아가 내 의도를 피력하고 설명하고 관철해야 한다.

일반적으로 '세일즈'라는 일에 대해 편견을 갖고 있는 사람들이 있다. 영업은 말솜씨가 화려하고 순간적인 기지가 뛰어난 사람이 아니면 어렵다고 생각하는 것 같다. 물론 그러한 기질을 가진 사람은 일회성 판매에는 유리하다고 생각한다. 그러나 일회성의 물건 판매에 집중하다 보면 지속가능한 고객과의 관계를 유지하기 어렵고 장기적인 성과를 내기가 거의 불가능하다.

30대 초반 식품원료 영업을 하던 시절에 주 고객들이 M유업이나 B사 같은 유업 회사들이었는데, 시장에서 자주 부딪히는 경쟁사가 있었다. 그 회사의 한 영업부 차장이 워낙 영업을 잘해서 고객의 원료 선택 과정에서 우리 회사가 밀리는 경우가 꽤 있었다. 도대체 어떤 사람인지 궁금해하던 차에 그분을 개인적인 자리에서 만나게 되었는데 무척 놀랐다. 왜냐하면 내가 예상했던 모습과는 많이 달랐기 때문이다. 말도 어눌하고 심지어 더듬기까지 했는데, 외모도 30대 후반의 나이에 이미 탈모가 많이 진행된 모습이었다. 도대체 어떤 능력으로 그리 영업을 잘하는지 몹시 궁금했는데, 몇 번 더 만나며 술자리도 같이하다 보니 왜 그분이 영업을 잘하는지 알 수 있었다. 그는 항상 웃는 모습이었고, 겸손과 예의가 몸에 자연스럽게 배어 있는 사람이었다. 만날수록 사람들이 좋아할 수밖에 없는 캐릭터였다. 심지어는 그분의 어눌한 말투가 상대방에게 신뢰를 주겠다는 생각까지 들었다. 얼마 후 본인이 독립을 해서 직접 사업체를 차렸는데, 그 사업도 잘되어 돈도 많이 벌었다는 얘기를 들었다.

영업에 맞는 성격과 기질이 따로 있는 것이 아니다. 사람은 모두 장단점이 있다. 성격이 활발하고 외향적인 사람들은 그 나름의 장단점이 있고, 내성적이고 진중한 사람은 그 나름의 장단점이 있다. 앞서 말한 공자의 군자불기君子不器의 의미처럼 영업도 정해진 그릇이 있는 것이 아니라, 훈련과 단련의 시간을 통해 인내와 절제의 미학을 배워야 하는 분야다.

큰 회사에서의 영업은 일대일 판매와 협상의 기술뿐만이 아니라 전략적인 사고를 통해 시장을 분석하는 능력도 키워야 한다. 제한된 인적 자원과 시간의 한계 속에서 어떻게 하면 최대의 성과를 이끌어낼지 자원과 시간의 안배, 그리고 시장을 정확히 분석하여 그 상황에 맞는 전략과 계획을 세우고 실행할 수 있는 능력이 중요하다. 물론 이를 위해서는 지속적인 교육이 필요하다.

나는 활달하거나 사교성이 넘치는 기질을 갖지는 못하였지만 나만이 가지고 있는 내성적 진정성과 일관성을 가지고 내 성격과는 전혀 맞지 않을 것 같던 영업을 30년 이상 해왔다. 영업을 선택한 것에 후회가 없고 만족한다. 영업을 통하여 사람을 더욱 이해하게 되었고, 긴 시간 우여곡절을 겪으면서 나만의 이야기와 콘텐츠를 갖게 되었다. 그리고 지금의 내가 있게 된 것이다.

영업에는 또 다른 내가 필요하다

이 책에서 어떻게 하면 영업을 잘할 수 있는지에 대한 방법과 원칙에 대해 장황하게 얘기하고 싶지는 않다. 어떤 분야건 간에 고유한 어려움이 있듯이 영업도 그 나름의 어려움과 고충이 있다. 특히 우리나라에서 영업은 유교 전통과 맞물려 영업 직원을 더욱 어렵게 하는 부분이 있는데, 그것을 얘기해보려 한다.

영업은 결국 사람을 만나서 제품을 판매하는 행위이고, 그 목적인 판매의 극대화를 위해서는 이미 알고 있는 고객뿐만 아니라 계속해서 새로운 고객을 개발해야 하고, 그를 위해서는 새로운 사람들을 계속 만나야 한다.

듀폰에서 농업 관련 일을 하다가 식품업종으로 직장을 옮기면서 전 직장에서 쌓아놓은 네트워크를 포기해야 하는 상황이었다. 처음 직장 생활을 시작해서 7년 동안 쌓고 다져놓은 인맥과 네트워크는 너무나 소중하고 큰 자산이었다. 그렇게 오랜 시간에 걸쳐 만들어놓은 자산을 한순간에 버리고 새롭게 시작한다는 것은 결코 작은 일이 아니었다. 그때는 아직 젊었을 때여서 비교적 쉽게 도전할 수 있었지만 나이가 더 들어서 그러한 상황이 되었다면 쉽게 결정하지 못했을 것이다.

식품업종으로 분야를 바꾼 후 처음으로 한 회사를 방문하게 되었는데, 그 생경함과 두려움을 지금도 생생하게 기억하고 있다. 그때 만났던 모 유업 회사 연구소의 한 박사님은 지금도 가끔 연락을 취하면서 좋은 관계를 유지하고 있다. 어떤 때는 좋은 분을 만날 때도 있지만, 어떤 때는 고약한 성격의 사람들을 만날 때도 있다. 그런 부류의 사람을 만날 때면 대화나 상담 중에 인격모독이나 모멸감을 느낄 때도 많다. 사회 초년병들 중 고객으로부터 심한 인격적인 모멸감과 감성적 타격을 입고 그것을 견디지 못하고 회사를 그만두는 경우도 많이 보았다. 충분히 이해가 간다.

그런 경험을 하지 않으면 좋겠지만 영업을 하면서 항상 좋은 사람만 만나기는 어렵다. 그때는 버티고 견뎌내는 것이 중요하다. 본인이 닮고 싶은 선배나 상사가 있으면 조언도 구하고, 때로는 그분들과 같이 동행하면서 선배들이 고객 앞에서 어떻게 대화를 풀어나가는지 직접 보고 배우는 것이 좋다.

나의 경우에는 내 안에 또 다른 나를 두는 것이 방법이었다. 고객을 만나러 갈 때는 본연의 내가 아닌 기능적인 '또 다른 내'가 간다고 생각하고 나를 객관화하여 바라보는 것이다. 고객이 심한 말을 하거나 모욕적인 태도를 보일 때, 그 앞에 있는 나는 기능적이고 연출된 '나'이고 본연의 나는 저 공중 위에서 객관적으로 조망하듯이 그 상황을 바라보고 있는 것이다. 그렇게 되면 내가 직접 정서적으로 상처받지 않고 의연하게 행동할 수 있게 된다. 물론 일을 시작하는 이들에게 이것이 말처럼 바로 이해되고 적용할 수 없을 것이다. 시간을 두고 경험을 쌓아가다 보면 그런 상황을 초연하게 아무렇지도 않듯이 헤쳐나갈 수 있다.

영업의 바탕은 인간관계를 구체화하는 데 있다

우리나라는 오랜 세월 유교의 영향권에 있었다. 지금도 많이 퇴색했다고는 하지만 여전히 우리 생활에 영향을 미치고 있는 사회윤리다. 그중에 기본 교리로 이야기할 수 있는 것이 바로 삼강오륜三綱五倫이다. 우선 삼강三綱에는 다음의 세 가지가 있다.

- 군위신강君爲臣綱 : 임금과 신하 사이의 도리

  신하는 임금을 섬기는 것이 근본이요.

- 부위자강父爲子綱 : 어버이와 자식 사이의 도리

  아들은 아버지를 섬기는 것이 근본이요.

- 부위부강夫爲婦綱 : 남편과 아내 사이의 도리

 아내는 남편을 섬기는 것이 근본이요.

오륜五倫에는 다음의 다섯 가지가 있다. 다섯 가지의 지켜야 할 도리라고 해서 '오상' 또는 '오전'이라고도 한다.

- 부자유친父子有親 : 어버이와 자식 사이에는 친함이 있어야 한다.
- 군신유의君臣有義 : 임금과 신하 사이에는 의로움이 있어야 한다.
- 부부유별夫婦有別 : 부부 사이에는 구별이 있어야 한다.
- 장유유서長幼有序 : 어른과 아이 사이에는 차례와 질서가 있어야 한다.
- 붕우유신朋友有信 : 친구 사이에는 믿음이 있어야 한다.

삼강오륜은 구체적인 인간관계를 기반으로 하여 지켜야 할 도리를 적고 있다. 그런데 우리나라 사람들은 위에 적시된 인간관계를 벗어나게 되면 매우 싸늘하고 심각해진다. 친구들 사이의 모임이나 가족 행사 등에서는 따뜻하고 호의적이지만, 전혀 모르는 사람이 모이는 공공장소나 대중교통 수단에서 사람들은 아주 냉랭하고 싸늘하기 이를 데 없다. 이는 서양 사람들의 태도와 반응과는 아주 대조적인 부분이다. 실제 서양 친구들이 한국에 와서 겪는 문화적 차이가 커서 당황하는 경우가 많은데, 이러한 부분과 연결되어 있다.

나는 외국 친구들에게 우리나라 사람들의 성향을 설명할 때면 엘리베이터에 사람들이 탔을 경우를 예로 든다. 엘리베이터에 한국 사람과 서양 사람, 특히 미국 사람과 둘만 탔다고 가정을 한다. 한국 사람은 퉁명스럽고 무표정하게 서 있지만 미국 사람은 같은 공간의 한국 사람을 향해 미소를 짓거나 "Hi" 하고 가볍게 인사를 한다. 이러한 경우 한국 사람들은 매우 의아하게 생각한다. 속으로 '저 사람 나 아나? 왜 나를 알지도 못하는데 계속 웃고 난리야'라고 생각한다. 그런데도 미국 사람이 계속 미소를 지어 보이면 한국 사람들은 밖으로 내뱉지는 못하지만 속으로는 '이 사람 게이인가……'라고 생각할지도 모르겠다. 이렇게 설명해주면 서양 친구들은 금방 이해를 한다. 왜냐하면 실제로 한국에서 엘리베이터를 타서 똑같은 상황을 겪어보았기 때문이다. 이러한 타인에 대한 태도나 시선은 비단 외국 사람들에게만 해당된 이야기는 아니다. 우리나라 사람에게도 마찬가지이다. 자신과 구체적 관계 속에 있지 않은 사람들은 자신에게 아무런 의미가 없는 것이다.

이러한 한국 사람들의 삼강오륜적 태도로 인해 영업에서 고객과의 초기 관계를 형성하는 것이 매우 힘들다. 대화를 친근하게 시작하려 해도 낯선 사람과는 적절한 거리를 두려 하거나 퉁명스러울 때가 많고, 심지어는 잘 알려진 대기업이나 다국적 기업의 세일즈맨이 아닌 지명도가 없는 소규모 회사의 영업 직원들 또는 1인 회사의 사장에게는 더욱 차갑고 싸늘하다. 그러다 보니 한국에서의 영업은 가급적 빨리 고객과의 관계를 구체적인 인간관계로 진화시켜야 한다. 자주 얼굴을 마주해서 만나는 횟수를 늘려야 하고, 식사나 술자리도 같이해서 서로 마음을 터놓고 친해지는 계기를 만들어서 친구 사이 같은 구체적인 인간관계로 발돋움시켜야 한다. 고객과의 소통이나 의사전달을 위해서는 전화나 이메일로는 충분치 않다. 직접 찾아가서 대면해야 한다.

영업에 무엇보다 필요한 돈독한 관계를 만들기 위해서는 이처럼 어려움이 있고 시간이 걸리기 마련이다. 그렇지만 여타의 인간관계와 마찬가지로 지속적인 신뢰를 바탕으로 고객과의 약속을 지키고, 진지하게 도움이 되고자 노력하는 모습을 보이면 어느 시점에서는 한층 가까워지고 단순한 업무적인 관계 이상으로 발전하는 것이 우리나라 사람들의 특징이다. 사람 대 사람으로서 서로 존중하고 아끼는 친구 또는 그 이상의 관계로 발전하는 경우도 많다. 업무상의 관계가 끊어지면 서로 연락도 끊기는 것이 보통이지만 업계를 떠나고 퇴직을 한 이후에도 계속 친구로서 연락하고 만나는 관계는 정말 소중하지 않을 수가 없다.

나에게도 그런 분들이 있다. 이제는 개인적인 일이나 가족에 관한 일뿐만이 아니라 삶의 고충과 속내를 허물 없이 터놓고 얘기할 수 있는 사이다.

우리나라에서 영업을 하는 데 있어 고객과의 관계 구체화를 위해 상당 기간의 쿠킹 타임Cooking Time이 필요한 어려움도 있지만, 한편으로는 소중하고 지속적인 인간관계를 맺을 기회가 있다는 것이 영업을 통해서 얻을 수 있는 보람이고 즐거움이다.

Part 3

사람이
힘이다

Chapter 10

인연은 바람과 구름의 조화를 부른다

인생의 변곡점에는 반드시 사람이 있다

지난날들을 돌이켜 보면 새로운 사람들과 만나서 인연을 맺고, 그 인연들로 인생의 이음새마다 도움도 받고 색다른 경험도 하면서 지금까지 살아온 과정이 신기하게 느껴질 때가 있다. 지나온 세월의 변곡점과 모퉁이를 돌고 돌아 이어진 삶이 정말 바람과 구름의 조화 같다고 느껴진다.

우리 삶은 사람들과의 인연이나 관계를 타고 그 방향이 바뀌거나 인생의 이정표가 될 만한 사건이 벌어지는 경우가 많다. 나 역시 지금까지 살아오면서 인생의 큰 변화와 변곡점을 맞이할 때는 항상 누군가가 옆에 있어 사업의 계기를 만들거나 직장을 옮기게 되었다.

30대 중반에 사업을 하게 된 계기도 대학 동창의 제안으로 그 친구 회사에서 일을 하게 되었고, 거기서 일을 하면서 사업을 배웠고, 결국 내 사업 시작의 전기를 마련하였다. 또 내 사업이 무너져 있을 때는 한 친구의 귀띔과 도움으로 생명과학 사업으로 유명한 미국 회사 몬산토의 한국법인에 입사할 수 있었다. IMF 위기가 터지기 바로 전인 1997년도 6월에 입사를 했는데, 그때 그 친구의 조언이 없었다면 어떠한 상황이 되어 있었을까? 모두가 어려웠던 상황에서 이미 무너진 사업을 끌어안고 견뎌낼 수 있었을까? 솔직히 답이 없었을 것이다. 지금 생각해도 아찔하다.

네덜란드 회사인 퓨락의 경우도 그 이전 직장인 몬산토에서 같이 근무했던 싱가포르 친구의 조언이 결정적 역할을 하였다. 그 친구 덕분에 나의 마지막 직장생활을 퓨락의 한국 지사장으로 근무할 수 있었다. 그 외에도 인생의 가르침이나 큰 교훈을 배우게 된 계기도 나와 인연을 맺고 있는 사람을 통하여 알게 된 모임이나 소개받은 사람들로부터였다.

이렇게 소중한 인연을 갖는 것은 운도 따라야 하지만, 스스로의 노력도 필요하다. 까칠하고 자존심을 세우기보다는 남을 배려하고 스스로 녹일 줄 아는 사람에게 사람들이 모이고 좋은 인연이 생길 가능성이 높다. 아교는 열을 받아 녹아야만 다른 것들이 붙는다. 접착력이 생긴다. 상온에서 딱딱한 고체일 때는 그냥 덩어리일 뿐이다. 아무것도 붙지 않는다. 턱을 쳐들고 어깨에 힘주고 뻣뻣해서는 상온에서의 아교처럼 그냥 덩어리일 뿐이다. 그런 사람은 이해관계상 아쉬운 사람이 아니고서는 가까이할 이유가 없다. 쳐든 턱을 내리고 어깨에서 힘을 빼야 한다. 부드러워야 한다. 그래야 관계의 접착력이 생긴다.

그리고 출세의 디딤돌로 삼기 위해 필요한 사람들을 의도적으로 만나는 것보다는, 스스로를 흔들어대면서 공들여 움직이다 보면 인연이 만들어지고, 그중에서도 서로 생각의 주파수가 맞는 사람들과 보다 각별한 인연이 만들어진다. 여기서 스스로를 흔든다는 것은 지속적으로 긍정적인 변화와 발전을 꾀하기 위해 생각뿐 아니라 행동으로도 더 나은 방향을 향해 나아간다는 뜻이다. 지금 하는 일이 무언가 막혀 있고 침체되어 있다고 판단되면 그대로 머물기보다는 나의 관심을 끌거나 가고 싶은 방향으로 흔들어대야 한다.

비유하자면 축구 경기에서 골을 넣기 위해서는 상대방 골문을 향해 돌진해야 한다. 그런데 그냥 뻣뻣이 직선으로만 돌진하는 선수나 움직임이 없는 선수는 동료들과의 원활한 연결 플레이가 나오기도 어렵고, 수비에 막혀 골을 기록하기 힘들다. 스스로를 흔들어대면서 페인트 동작을 하거나 활발히 움직여야만 동료들과의 연결 플레이나 패스의 공간이 열리고 쇄도의 기세가 생기면서 골 문이 열릴 가능성이 높다. 동료 선수들이 내가 골을 넣도록 도와주기도 쉽다. 마찬가지로 동료 선수에게 골 찬스를 만들어줄 수도 있다. 우리들이 살아가는 과정도 이와 같지 않을까.

박지성이 축구 국가대표로 뛰어난 활약을 펼치고, 더 나아가 우리나라 축구 역사의 한 페이지를 장식할 수 있었던 것의 시작은 히딩크가 국가대표 감독을 맡으면서부터였다. 히딩크에 의해 국가대표로 발탁되었고, 그의 타고난 성실성과 '산소 탱크'로 불리던 체력은 히딩크의 리더십 아래서 더욱 빛을 발했다. 2002년 한일 월드컵에서의 4강 신화는 박지성 선수의 인생 전환의 계기가 되었다. 이처럼 사람이 살아가면서 귀중한 인연을 만나 인생 도약의 순간을 맞이하게 된 예는 무수히 많다.

우리나라뿐 아니라 세계적인 기업가들에게도 귀중한 인연을 만나 어려운 상황에서 크게 도움을 받아 굴지의 기업으로 발돋움하는 데 결정적인 계기가 된 예들은 어렵지 않게 찾을 수 있다.

고 정주영 회장의 경우 젊었을 때 자동차 수리 공장을 인수해서 사업을 시작하는데, 사업자금을 그전에 거래했던 정미소 주인에게 빌렸다. 그러나 공장을 인수한 지 닷새 만에 불이 나서 공장 전체가 타버린다. 정주영 회장은 다시 정미소 주인을 찾아가 배짱 좋게 다시 사업자금을 빌리고 자동차 수리 공장을 새로 지어 사업에 매진한다. 그리고 3년 만에 빌린 돈을 모두 갚는다. 만일 그 정미소 주인이 아니었더라면 정주영 회장은 재기하기가 쉽지 않았을 것이다.

자동차 산업의 선구자 헨리 포드Henry Ford는 초기에 자동차 회사를 시작하는 데 두 번이나 실패했다. 두 번이나 사업에 실패한 헨리 포드에게 선뜻 도움을 주고자 하는 사람이 없었다. 그러나 석탄 판매상인 알렉산더 말콤슨Alexander Malcomson이라는 사람이 나타난다. 그 사람의 지원을 받아 자동차 회사를 다시 설립할 수 있었다. 두 번 실패 경험을 토대로 고객이 무엇을 원하는지 제대로 파악한 헨리 포드는 더욱 대중적인 자동차를 만듦으로써 크게 성공한다.

정주영과 헨리 포드, 두 사람 다 자칫 사업을 재건하기 쉽지 않은 절체절명의 순간에 귀한 인연을 만나 사업적 성공을 거둘 수 있는 단초를 제공받은 것이다.

이러한 예가 이들 뿐이겠는가? 내가 좋아하는 시 「가을날」의 저자인, 시인 라이너 마리아 릴케Riner Maria Rilke는 27세 때 62세의 로댕Auguste Rodin을 만나 평생의 작품세계에 영향을 받는다. 비록 일 년도 안 되는 짧은 시간 동안 로댕의 비서로 일하는 인연을 갖지만 로댕의 위대한 작품에 경탄을 금치 못했고, 그 후 약 4년 동안 로댕은 릴케의 감정과 사고를 지배했다. 특히 릴케는 로댕이 영감 따위에 구애받지 않고 언제나 작업 중이었다는 사실에 충격을 받았다. 릴케는 영감을 받아 무언가가 떠올라야만 글을 쓸 수 있었지만, 로댕은 작업 자체를 영감으로 삼았던 것이다. 릴케는 로댕을 통해 "값싼 감정에서 벗어나 화가나 조각가처럼 자연 앞에서 일하며 대상을 엄격하게 묘사하는 것"을 깨닫게 된 것이다. 로댕을 만난 이후 릴케의 예술과 삶 전체가 바뀌어버린 것이다. 위대한 헬런 켈러Helen Keller가 탄생하기까지는 설리번Anne Sullivan과의 만남이 있었고, 마이클 조던Michael Jeffrey Jordan에게는 딘 스미스Dean Smith가, 플라톤에게는 소크라테스가, 알렉산더 대왕에게는 아리스토텔레스가 있었다. 귀중한 인연은 인생의 축복이다.

법륜 스님 말씀에 의하면 나는 아무것도 아닐 수 있다. 하지만 사람들과의 인연으로 그 무엇이 된다. 아버지가 되고, 아들이 되고, 회사원이 되기도 하고, 선생님이 되기도 하고, 고객이 되기도 한다. 누구를 만나서 어떤 인연을 맺느냐에 따라 인생의 여정이 좋게 풀리기도 하고, 그 반대인 경우가 있을 수도 있다. 그 위에 바람과 구름의 조화로 더욱 증폭이 되기도 한다.

좋은 사람들이 내 주변에 많이 있다면 그들로부터 좋은 영향을 받고 운도 좋아진다. 나의 전체적인 운명은 선순환을 만들 가능성이 커진다. 단순히 출세를 위해서가 아니라 나보다 삶의 통찰도 더 뛰어나고 지혜와 식견이 높은 사람들과 어울려 배우고 느끼고 교감을 나눌 수 있다면 불문가지로 나도 그들과 같은 결대로 발전하고 정신적으로 향상될 것이다. 삶에 대해 교만하지 않고 진지하게 노력하면서 풍요롭게 존재하게 될 것이다.

인연은 새로운 도전을 만든다

나는 원래 체육하고는 거리가 먼 사람이었고, 체력이 좋은 편이 아니었다. 학교 다닐 때는 정말 달리기를 못해서 체력장 시간은 고역이었다. 100미터뿐만 아니라 1천 미터 달리기는 하기 싫은 것을 넘어서 두려움이었다. 반 친구들과 뛰면 항상 꼴찌는 도 맡아 했다. 사회생활을 시작하면서 맡은 일이 영업인 데다, 개인적으로 술을 좋아하고 담배를 피우다 보니 체중도 급격하게 늘고 건강이 많이 안 좋아졌다. 내 스스로 건강과 체력 관리를 위해서는 운동을 해야겠다 고 결심을 했고, 2003년부터는 회사 근처 피트니스 센터에 등록을 해 서 꾸준하게 운동을 해왔다.

2006년도 3월에는 서울마라톤 대회에서 하프코스를 신청하여 뛰기 도 했다. 정말 나는 그동안 마라톤을 뛰는 일은 생각도 해본 적이 없었 고, 마라톤은 내 팔자에 아예 없다고 생각해왔다. 그런데 내가 생각도 해본 적이 없는 분야에 도전을 하게 된다.

그 당시 내가 다니던 회사의 국내 대리점 중 특이한 회사가 있었다. 회사 이름은 '유창FC'이고 직원 수가 약 30명 정도 되었다. 이 회사의 기본 방침이 일 년에 두 번 모든 직원들이 하프 마라톤을 뛰는 것과 지 리산, 설악산 같은 큰 산들을 일 년에 두 번 종주하는 것이었다. 직원들 의 건강과 팀워크를 증진하기 위해 운영하는 프로그램이었는데, 그 당 시에 유창FC 부사장님이었던 분도 50대 후반의 나이였는데 풀코스 마 라톤과 때로는 울트라 마라톤도 뛰는 놀라운 체력의 소유자였다.

업무상으로 유창FC의 사장님과 그 직원들과도 친하게 자주 어울렸는데, 어느 날 갑자기 그분들이 나에게 하프 마라톤을 같이 뛰자는 제안을 하는 것이었다. 처음에는 매우 망설였지만 결국에는 피트니스 센터에서 꾸준히 달리기를 한 것을 믿고 한번 도전해보자는 생각이 들었다.

그 시기가 3월 초였는데 날씨가 꽤 추울 때였다. 여의도 대한생명빌딩 앞 고수부지가 출발점이었는데 풀코스는 상류 쪽으로 달리고, 하프 코스는 하류 쪽으로 달려 돌아오는 것이었다. 정말 걷지만 말자는 생각으로 절대 무리하지 않고 나만의 페이스대로 뛰려는 생각이었는데, 21킬로미터라는 거리가 달려도 달려도 끝이 없는 것 같은 느낌이었다. 하지만 중간에 포기하지 않고 속도는 느려도 페이스를 잃지 않으면서 무사히 골인 지점까지 완주할 수 있었다. 기록은 2시간을 훨씬 넘는 시간이었다. 물론 하위권이었지만 나로서는 너무 뿌듯한 순간이었고, 새로운 삶의 지평을 경험한 짜릿한 시간이었다. 그리고 몇 년 후 춘천마라톤 대회에도 참여해서 뛰었다. 가을이 농익은 춘천 호반에서 뛰는 경험도 잊을 수 없는 추억이고 멋진 경험이었다.

이처럼 나에게 익숙지 않았던 분야도 도전해보면 의외로 너무 의미 있고 감동을 주는 경험이 되고 이야깃거리가 된다. 그런데 이러한 새로운 경험은 스스로 찾아서 시도해보기란 쉽지 않다. 주변의 사람들을 통해서 추천을 받고, 그 힘에 의해 도전하게 된다. 다양한 사람들과 교류를 갖고, 그 사람들을 통해 새로운 도전을 시작하면서 나에 대한 의외성도 발견하고, 내 안의 고정관념을 깨는 계기도 되었다.

인연을 통한 새로운 도전은 직장인에게는 회사의 업무에서, 사업하는 사람에게는 사업의 영역에서도 통할 수 있는 이야기이고, 결국은 현실을 살아가는 모든 사람들에게 해당되는 이치이다. 자신의 현실 확장에도 크게 도움이 되는 것이다.

그런데 내가 하프 마라톤을 뛰자는 제안에 응해서 완주할 수 있었던 것은 평소에 꾸준히 운동을 해왔던 덕이 컸다. 만일 평소에 운동을 하지 않았다면 하프 마라톤을 뛴다는 것은 언감생심焉敢生心, 뛰더라도 중도에 포기했을 것이다. 준비가 되어 있었기 때문에 뛸 수가 있었던 것이다. 내가 직장을 다니든, 특정한 분야에서 일을 하든, 자신의 관심 분야나 강화하고 싶은 역량에 대해서 꾸준히 공부하고 갈고닦으면 그것을 활용할 수 있는 기회가 느닷없이 찾아왔을 때, 주저 없이 그 기회를 잡아서 의외의 실현을 할 수 있는 것이다.

나는 사회생활을 농업 분야에서 시작했다. 이 분야에서 7년 정도 일을 했고, 당시 식품업종에서 사업을 하던 대학 동창의 제안으로 식품

분야에 발을 디디게 되었다. 이후 꽤 오랫동안 식품과 관련된 업계에서 영업 일을 해왔다. 식품 안에서도 영역은 다양하다. 요구르트 같은 유업계, 음료, 제과, 육가공, 시즈닝, 면류, 스낵 등 분야가 매우 많다. 주로 유업계, 육가공과 음료 분야에서 일을 하다가, 네덜란드계 회사의 한국 지사장 시절에는 업종을 확장해서 생활용품과 반도체/LCD와 같은 IT 분야에서 항균제와 용제(솔벤트) 영업을 하였다. 우리나라 경제의 성장 엔진과 중추 역할을 하고 있는 반도체/LCD 분야의 일은 다른 업종에서는 경험하지 못했던 규모이자 차원이 다른 테크놀로지의 세계였다. 전혀 생소한 분야였지만 만나는 고객사의 연구원들을 통해 독학으로 공부하고 지식을 키워나갔다. 그리고 이 분야에서 나의 영업 커리어중 가장 큰 실적과 성과를 냈다. 내가 30여 년 이상의 사회생활 동안 업종의 변화와 확장을 할 수 있는 데는 새로이 만나는 사람들과의 인연이 있었기에 가능했다.

내가 지금 글을 쓰는 것도 같은 맥락이다. 사회에서 만나 지금은 형제같이 지내는 한 분은 가끔 식사를 할 때면 나에게 책을 써보라고 권하곤 했다. 퇴직 후에 책을 써보겠다고 결심을 하고 실행에 옮긴 것도 그의 부추김(?)도 자극이 되었지만, 직장생활을 하면서 꾸준하게 책을 가까이했던 것이 밑거름이 됐다. 책을 읽을 때마다 마음에 와 닿는 내용이나 중요하다고 생각되는 것은 기록해두었는데, 그 메모들이 나의 경험과 섞여 내 글의 기초가 되었다. 어떤 준비도 없이 느닷없이 책을 내겠다고 마음먹고 글을 써내려가기는 쉽지 않을 것이다.

갑자기 나타나는 사람을 조심하라

많은 이들이 생각하면 어처구니없고 속이 쓰린 기억이 있을 것이다. 우리는 살면서 어처구니없는 실수를 저지른다. 시간이 어느 정도 지나도 그 기억에 잠도 안 오고 며칠을 끙끙 앓기도 한다.

2002년경으로 기억한다. 어설프게 자신감에 충만해 있을 때 누군가가 갑자기 나타나 매우 호의적으로 접근한다. 나의 경우는 고교 동창이라면서 전화가 온다. 같은 반을 하거나 친했던 동창은 아니었지만 그래도 기억이 나는 이름이다. 서로 안부를 묻고, 무슨 일을 하느냐 어디 사느냐를 묻는다. 마침 집도 서로 멀지 않다. 날짜를 정해 저녁을 같이하잔다. 만나서는 고등학교 시절 얘기, 친구들 얘기를 하다가 얼핏 지나는 말로 펜션을 아느냐고 내게 물어본다. 나는 펜션에 대해서 아는 바로는 연금이라고 알고 있었기 때문에 그것 아니냐고 했더니, 지금 교외에 강을 끼거나 경치가 좋은 곳에 펜션을 짓는 것이 붐이라는 말을 했다. 나는 대수롭지 않게 생각했고 헤어졌다. 그러고서는 바로 다음 날 오후에 안부 전화가 온다. 그러면서 평창에 펜션 부지가 있는데, 바로 지금 계약금을 부쳐서 잡아야 한다면서 매우 급하게 몰아붙인다. 이 시기를 놓치면 나중에 땅을 치고 후회하게 될 거라면서. 그리고 평창이 동계올림픽 개최지로 선정될 가능성이 무척 높고, 개최지로 선정이 되면 땅값이 엄청 뛸 것이기 때문에 사놓기만 하면 수익은 보장한다는 얘기였다.

나름 그 친구에게 땅을 계약한 친구들에게 전화해서 알아보고 중간에 미심쩍어 사지 않으려고 했지만, 결국 오죽 자신 있으면 저러겠나, 동창한테 그러겠나 싶고 때마침 수중에 현금이 있어 결국에는 평창의 모 계곡 근처에 그 동창이 권하는 땅을 샀다. 꽤 큰돈이었다. 그러나 오래가지 않아 그 땅들이 펜션으로 유용성이 없고, 경사가 심해 집 짓기도 쉽지 않은 땅이라는 것이 드러나고 말았다.

그 동창은 거래가 매듭되고 우리 친구들로부터 입금이 끝난 뒤부터 그 마각을 드러내기 시작했다. 친구들의 항의와 거래 취소 요구를 배째라는 식으로 응대하기 시작했고, 오히려 그 땅을 샀던 것은 순수한 우리들의 결정이라며 적반하장 격으로 우리를 비난하기도 했다. 참 몹

쓸 인간을 바로 경험한 것은 그때가 처음이었다.

　사실 그 동창과 자주 통화를 하면서 그 친구가 일반적인 상도의에 의해서 움직이는 사람이 아니고, 개인적인 욕심도 과한 녀석임을 느꼈지만, 이미 일정 계약금을 지불한 상태에서 그 친구의 집요한 권유 속에서 '그래 어쩌면 그 친구 얘기대로 잘될 수도 있을 거야'라며 내키지도 않는 나 자신을 억지로 설득하며 송금을 완료했다. '세상일을 어떻게 알겠나' 하는 생각도 해가면서 일정 부분은 그냥 내던지는 심정으로 금액을 완납했다. 그러나 세상은 그렇지 않았다. 아닌 것은 아니다. 그러한 느낌이 왔을 때 조금 더 알아보았다면 자명한 판단을 내릴 수 있었을 것이고, 강하게 거절할 수 있었을 것이다.

　이 일을 겪으면서 느낀 두 가지를 이제 막 사회에 첫발을 내딛은 이들과 나누고 싶었다.

　첫째, 훗날 학교 동창 또는 지난 시절 어떤 인연으로 알게 되었던 사람이 갑자기 나타나는 것은 주의할 필요가 있다. 그것도 매우 호의적으로 접근을 한다. 대개의 경우는 자신의 경제적 이득이나 영리를 목적으로 하는 경우이다. 사기라 일컬을 만큼 사람을 호도시켜 피해자에게는 큰 타격을 입힐 판매 행위를 관철하려 한다. 이 경우 갑자기 나타난 지인은 정신 못 차릴 정도로 그 물건이 큰 이익을 취할 절호의 기회라 강조하고 빨리 서두르지 않으면 큰일 날 것처럼 몰아붙이고 바로 가계약이라도 걸도록 유도한다. 그러나 세상엔 바로 숨 넘어갈 정도로 급하게 결정지어야 할 파격적이고 엄청난 기회란 없다는 것을 기억하자.

둘째, 설령 내가 관심이 간다 하더라도 그 지인의 흐름에 말리지 말고 시간을 두고 정확하게 알아보고 판단해야 한다. 그 지인의 평판도 알아보아야 한다. 침착하게 대응한다면 대개의 경우 그것이 얼마나 터무니없는 것인지 어렵지 않게 판단을 내릴 수 있을 것이다.

사람들과의 인연은 좋은 인연이 있고, 악연이 있을 수 있다. 훌륭한 인품을 가진 선한 사람들도 있지만, 보통 사람의 상상을 초월하는 악하고 배은망덕한 사람들도 꽤 있다. 뉴스를 보면 사람의 탈을 쓰고 어쩌면 저다지도 악할 수 있을까란 생각이 들 정도의 짐승보다도 못한 사람들의 소식을 듣는다.

자신의 자식을 학대하고 때려서 죽이는 부모들, 자신과 아무런 상관도 없는 사람들에게 묻지마 폭행을 휘두르는 악인들, 눈 하나 깜짝 안하고 주변 사람들에게 사기를 치는 사기꾼들의 이야기를 들을 때면 평상시 그들의 삶은 어떨까 생각하곤 한다. 아마도 홀로 고립돼서 살거나 주변에 사람이 있더라도 자신과 같은 부류의 인간들로 채워져 있지 않을까? 결국은 유유상종이고 서로 비슷한 인간들끼리 어울리면서 서로 피해 주고 서로의 운명을 갉아먹지 않을까란 생각이다. 마찬가지로 내 주변에 사기성이 높은 사람들이 많고, 거칠고 나쁜 사람들로 채워져 있다면 그것은 내가 그런 부류의 사람일 가능성이 높다. 같은 부류의 사람들과 어울리면서 악순환의 굴레를 만들고 질곡의 운명을 살아갈 가능성이 높다.

인연이란 그 사람의 영역에 의해 결정된다. 그 사람의 성격이나 내면 세계의 영역에서 결정되는 것이다. 나는 어떤 사람인가? 내가 어떤 마음가짐으로 어떤 행실을 하며 살아가느냐에 따라서 내 주변의 사람들이 결정되고 그에 따른 인연을 맺게 된다. 바람과 구름의 조화가 불러온 그 인연으로 인한 결과는 온전히 나의 몫임을 잊지 말자.

부자지간에 눈높이를 맞춰라

나에게 대학생인 아들이 있다. 첫째가 딸이고, 둘째가 아들이다. 아들이 대학 2학년을 마치고 2016년 2월에 군입대를 했다. 보통의 아버지와 아들 사이의 관계는 거의 비슷한 것 같다. 우리 세대는 이미 20~30년을 앞서 경험했고, 인생의 한복판을 관통해서 여기에 와 있으니 삶에 대한 답을 쥐고 있는 느낌이다. 그러다 보니 아직 준비가 안 되어 있거나 이제 사회생활의 시동을 거는 자녀들에게 모범답안의 생각과 행동을 주문한다. 무엇보다도 지금까지 삶의 명과 암을 거쳐 살아오면서 얻은 나름의 분별력과 지혜의 시선으로 자녀들을 바라보면 그 생각과 행동이 미덥지 않고 불만족스럽다. 그런데 엄밀히 말하면 나도 20대에는 지금의 내 자녀들보다 생각과 행동이 못했으면 못했지 더 낫지 않았다. 그런데도 나의 철없고 흔들렸던 20대의 모습과 견주어서 자녀들을 바라보지 않는다.

사실 이미 살아온 세월의 눈높이에서 자녀들에게 시선을 맞추라고 하는 것은 불공평하다. 세월의 높이를 깎아서 자신의 예전 20대 모습으로 자녀들과 눈높이를 맞추고 이야기를 해야 좀 더 근접한 소통이 될 것이다. 그러나 이것이 쉽지 않다. 이미 살아온 떨쳐낼 수 없는 세월과 그 세월을 통해서 얻어진 나름의 생각과 가치가 머리에 각인되어 있다 보니 자녀들과 눈높이를 맞춘다는 것이 어렵다.

한편으로 자식들에게 다른 각도로 생각을 해주길 권한다. 살아오면서 인생의 스승이나 멘토의 중요성을 피부로 느끼곤 했다. 젊었을 때 내가 가보지 않은 길을 가면서 무엇을 해야 할지 암담해하며 방황했고, 혹은 섣부른 판단으로 굳이 낭비하지 않아도 될 돈과 노력과 시간을 날려버리는 아픔을 겪기도 했다. 돌이켜보면 그때 내 옆에 인생의 스승이나 멘토가 있어 배우고 조언을 구할 수 있었다면 하는 진한 아쉬움이 있다. 그런데 사실 그 역할을 사회에 나와 만난 선배나 새로운 인연의 사람에게 기대하기에는 무리이다. 그 사람들이 한두 번 스치듯 조언을 해줄 수는 있지만 자신의 일처럼 바짝 다가와, 속 깊게 조언하고 같이 아파하고 기뻐하기는 쉽지 않다. 그것이 가능한 사람들이 가장 가까운 사람들이다. 혈연을 통해 맺어진 가족일 것이다. 그것도 인생의 한 사이클을 먼저 살아보고 겪어본 부모일 것이다. 누구보다도 자식들이 잘 되기를 바라는 사람은 부모일 수밖에 없다. 그런데 현실은 부모보다는 어느 정도 거리가 있는 외부의 사람들로부터 듣는 얘기가 더 의미 있게 다가오는 것 같다. 그러나 그들로부터 멘토링의 지속성을 기대하기는 어렵다.

한 가지를 덧붙이자면 지금의 자녀 세대들은 아버지의 조언을 자신에 대한 비난으로 받아들인다. 요즘의 아버지들은 자녀에게 호통을 치거나 일방적으로 야단을 치는 방식을 취하지 않는다. 시대가 달라진 것이다. 고압적인 분위기로 자녀와 대화를 해서는 먹히지가 않는다는 것을 안다. 부드럽고 조리 있게 얘기하려 한다.

멘토를 섬기고 싶은 젊은이에게 얘기하고 싶다. 자신의 아버지가 하루하루 공들여 사는 아버지라면 적극적으로 아버지를 멘토로 삼아라. 세상에서 말랑말랑하고 듣기 좋은 소리만 듣고 살 수는 없다. 그렇다고 모든 것을 아버지에게 의존하라는 말은 아니다. 사실 삶은 스스로 시간을 두고 경험하며 깨지고 아파하고 헤매기도 하면서 배우고 깨닫는 것이다. 부모가 모든 것을 다 알 수는 없다. 그러나 삶의 본질을 관통하는 지혜를 아버지로부터 배워라. 아버지는 세월의 어려움과 곡절을 겪고 난 후 '지금 알고 있는 것을 그때 알았더라면 행복했을 텐데'라는 아쉬움을 진하게 갖고 있는 사람이기 때문이다.

Chapter 11

감사하는 마음은 삶을 지탱하는 기둥이다

나는 남들보다 나를 더 우습게 본다

세상 사람이 다 아는데 한국인만 모르는 사실이 몇 가지 있다고 한다. 아마도 그 중 가장 유명한 것은 '한국이 얼마나 잘사는 나라인지 한국 사람들만 모른다'일 것이다. 필자가 만난 외국인들은 하나같이 한국을 선진국이라고 부르는 데 주저하지 않는다. 한국의 1인당 국민소득은 2014년 기준으로 세계 29위다. 하지만 우리보다 소득이 높은 국가 중에는 중동 산유국들처럼 전근대적인 사회구조를 지닌 국가들이 있다. 이런 점을 감안해 평가한 UN 인간개발지수에 의하면 한국은 세계 15위의 생활 수준을 지닌 국가로 평가된다. UN, IMF, 세계은행 등 모든 국제기구가 한국을 선진국으로 분류한다. 하지만 우리 국민 상당수는 한국이 아직 선진국에 진입하지 못했다고 생각한다. 이와 같은 인식의 괴리는 아마도 우리가 선진국에 대해 갖고 있는 높은 기대 수준에 기인할 것이다.

위 글은 한 일간지에 실린 연세대학교 이두원 교수의 글이다. 우리나라 사람들이 자신의 국가에 대해 얼마나 폄하하는 시각을 가지고 있는지 알 수 있는 글이라 소개했다. 최근 들어 경제적인 위상뿐만이 아니라 문화 콘텐츠 분야에서도 우리나라를 바라보는 시선이 옛날과는 완전히 달라진 것은 사실이다. 해외에서 한국 드라마와 K-POP의 인기는 '한류'라는 이름으로 위세를 떨치고 있다.

네덜란드 회사에서 근무할 때 본사가 있는 네덜란드뿐만 아니라 아시아 본부가 있는 싱가포르, 공장이 있는 태국으로 출장 다닐 기회가 많았다. 출장 때 만난 현지 직원들로부터 많이 들었던 질문이 '요즘 한국에서 유행하는 드라마는 무엇이냐? 어떤 아이돌 그룹이 뜨고 있느냐?' 였다. 그리고 자신들이 본 한국 드라마에 대한 감동이나 평가를 침이 마르도록 이야기하곤 했고, 자신이 좋아하는 한국 스타에 대해 궁금한 것을 물어보기도 하고 생김새의 세련됨에 대해 감탄을 표현하기도 했다.

2013년 무렵 네덜란드 본사에 고객들과 같이 출장을 갔을 때는 본사 직원들이 회의 도중에 싸이의 노래 〈강남스타일〉의 네덜란드 버전 동영상을 보여주면서 엄지를 치켜들어 최고라는 표현을 해준 기억도 난다. 물론 한국 고객들의 방문이었기 때문에 고객들을 기쁘게 해주려는 배려도 있었겠지만 과거에는 그런 예가 없었다. 한번은 암스테르담 스키폴 공항에서 입국 심사 때 내가 여권을 내밀자 현지 공항 입국심사 직원이 우리말로 '방가 방가'라고 인사를 하는 것이 아니겠는가! 지금은 한국을 'Kool'이라고 부른다고 한다. Kool은 '한국'이라는 'Korea'와 '멋지다'는 의미의 'Cool'이라는 단어의 합성어라고 한다.

내가 처음 외국 출장을 가기 시작했던 1980년대와 여행자유화 바로 직후인 1990년대 초반과 비교해보면 격세지감이다. 그 당시에는 한국에서 왔다고 하면 시큰둥한 반응이거나 한국에 대해 잘 모르는 외국인이 대부분이었다. 그리고 보통 첫 질문이 '일본사람이냐? 아니면 중국사람이냐?'고 물어보는 것이 다반사였다. 지난 20~30년 사이 우리나라가 전 세계적으로 드물게 민주화와 산업화를 동시에 이룬 나라이고, 한국의 문화 콘텐츠가 전 세계에 확산하고 있는 것을 보면 나라에 대한 자긍심을 갖고 살아도 충분하다.

물론 우리나라가 문제가 없는 것은 아니다. '헬조선'이니 '흙수저'로 상징되는 자기 비하와 좌절의 사회 분위기 속에 정치인들의 경직성과 자질 문제, 빈부 격차의 확대, 부조리 만연 등 개선할 많은 문제를 가지고 있기는 하지만 반드시 비관적으로만 현실을 바라볼 필요는 없지 않을까.

이는 자신에 대한 시선에서도 드러난다. 우리는 스스로를 평가절하하는 경향이 짙다. 남들이 자신에 대한 부정적인 이야기를 하거나 우습게 보는 듯하면 화를 내면서, 자기 스스로에 대해서는 타인보다 더 우습게 본다. '나는 열등하다' '나는 무능하다' '내 환경은 열악하다' '나는 뭘 해도 안 된다' 등 자신에 대한 부정적인 얘기를 하는 경우를 많이 본다. 남들에게 겸손하기 위해 의례적으로 던지는 말이라면 상관없지만 실제로 자신을 그렇게 생각한다면 문제가 아닐 수 없다. 객관적인 기준에서 보면 그렇게 나쁘지 않은 상황인데도, 아니 오히려 남들보다 좋은 여건일 수도 있는데, 자신을 과도하게 비관적으로 보는 경향이 있다. 우리 삶에 기쁘고 즐겁게 바라볼 일들도 많이 있는데 항상 불만과 불평의 영역에 가두고 사는 경우가 많다.

자기 비하의 원인은 분명히 있을 것이다. 어렸을 적의 트라우마나 자신이 감당키 어려운 실수나 실패에 의해 자기도 모르게 내면에 자리

잡게 된 것이 아닌가 싶다. 나는 심리전문가가 아니기 때문에 이에 대해 깊게 논의할 지식이나 배경을 가지고 있지 않다. 다만 나의 경험을 비추어서 얘기하자면 자기 비하에서 벗어나는 길은 남들과 비교하는 것을 멈추는 것이다. 사회 구성원으로 살다 보면 자신보다 훨씬 잘나가는 사람이나 능력이 출중한 사람들을 만나게 된다. 그러면 자기 의지와는 상관없이 그 사람과 나를 비교하려는 심리가 피어난다. 자기를 부정하는 마음이 자라게 되고, 결국 스스로에게 폭력을 행사하는 것과 다름없는 자기 파괴를 시작한다. 그 사람은 자신은 불행의 한복판에 서 있다고 생각하고 피해의식에 젖는다. 이것은 당연히 사실이 아니다. 물론 정도의 차이는 있겠지만 모든 사람은 자기만의 약점을 가지고 있고 열등감을 가지고 있다. 다만 그런 감정이 마음속에서 일어날 때 어떻게 대하느냐는 개인에 따라 다르다. 자기 비하, 자기 부정은 허상과 허위라는 것을 알아채야 한다. 현실은 그렇지 않은데, 내가 스스로를 힘들게 하고 있음을 깨달아야 한다. 비교하는 마음은 불행의 시작일 뿐이다.

　학교 동창 모임에 나가면 나보다 훨씬 돈 많고 성공한 사람 천지다. 그런 친구들을 만날 때마다 비교하고 힘들어한다면 피곤해서 어찌 살 것인가. 사람은 모두 다른 인생의 궤적을 돌고 있다. 지금 그 친구가 잘

나가고 성공해 있으면 축하해주면 그뿐이고, 나에게는 아직 그 시기가 오지 않았나 보다 하며 오늘은 무엇을 열심히 할 수 있을지 찾아서 움직이면 된다. 세상 이치에는 항상 시차가 발생한다. 내 노력의 결과가 지금 당장 나오지 않는다고 해서 실망할 필요가 없다. 하지가 6월 21일이라 해서 그날이 가장 더운 것이 아닌 것처럼, 동지가 12월 21일이라 해서 그날이 가장 추운 것도 아니다. 그로부터 한 달 뒤가 가장 덥거나 춥다.

인생에서는 지금 노력하고 있는 것의 결과가 지금 나타날 수도 있지만, 몇 달 뒤 혹은 몇 년 후, 아니면 더 늦게 나타날 수가 있다. 담담하게 내가 공들여 힘쓸 것에 집중하면 되는 것이다. 결과가 언제 구현될지는 내 몫이 아니다.

내게 없는 것보다 갖고 있는 것을 봐라

누구에게나 살면서 어두운 터널을 지나는 시기가 있다. 전혀 예상치도 않은 변수나 느닷없이 일어나는 사건으로 궁지에 내몰리게 되는 경우가 있다. 이런 상황을 만나면 '왜 내게만 이런 불행이 오는 거지?' 하며 불운에 치를 떨며 누군가를 원망하기도 하고 '내가 하는 일이 그럼 그렇지……' 하면서 근거 없는 자기 비하를 일삼기도 한다. 많은 분들이 이 같은 경험을 가지고 있으리라 생각된다.

나에게도 길게만 느껴졌던, 깜깜한 터널을 지나는 시기가 있었다. 지금에야 젊었을 때의 실패나 실수들이 결국 누구 탓도 아니고 내게서 비롯되었고, 내 탓이었다는 것을 절감하고 반성하지만 그 당시 나는 불만과 불평으로 가득 차 있었다. 내 삶은 왜 이리 곤궁하지? 내 삶은 왜 이렇게 꼬이지? 왜 듣도 보도 못한 광우병이 터져 내 사업을 뭉개지? 왜 불운이 겹쳐 나를 고통의 구석으로 몰아넣는 거야? 여러 부정적인 생각이 머릿속에 가득 차 있었고 정신적으로도 매우 약해져 있었다.

사업이 한참 어려워졌을 때는 어디 기댈 데가 없다는 생각으로 아내와 장모님이 다니는 교회에 나가기도 하였다. 일요일뿐만이 아니라 주중 수요일까지 예배에 나갔다. 내 사업을 잘되게 해달라는 기도를 하기 위해 교회에 나간 것이 아니라 나를 무너지지 않게 잡아달라고 빌었다. 1년 이상을 교회에 다닌 것으로 기억이 된다. 그때 나름 간절하게 기도했다고 생각했는데 마음속에서 별다른 반응을 얻지 못하였고 그냥 교회만 왔다 갔다 한다는 느낌이 들어 1년여 다니다가 교회에 나가는 것을 중지했다. 느낌과 공감이 없는데 부자연스럽게 예배 시간에 앉아 있는 것도 사실 고역이었다.

특히 30대에 광우병으로 타격을 받고 사업이 급격히 어려워지면서, 늘 되는 게 없다고 생각했다. 그러다 보니 모든 것과 대척점에 있었고, 가족들에게도 짜증을 내기만 해서 아내가 많이 힘들었을 것이다. 자기 통제와 절제가 제대로 되지 않다 보니 항상 어두운 표정으로 일관했고, 내 마음에 맞지 않으면 주위 사람들에게 마음속에서 일어나는 대로 신경질을 부렸다. 지금 돌이켜보면 아내와 주변 사람들에게 정말 못할 짓을 했다.

내 나이 마흔 즈음에 지금은 기억나지 않는 어떤 책을 읽다가 감동을 받았는데, 그 책 중에서 이러한 내용이 나온다. '사람들은 자신이 가지고 있지 않은 것만 쳐다보고 산다. 사실 이미 많은 것을 가지고 있는데도 가지고 있는 것은 쳐다보지도 않고 늘 불평과 투정 속에서 스스로 불행해하면서 산다. 가지고 있는 것을 적어보라. 그러면 자신이 얼마나 많은 것을 가지고 있는지를 깨닫게 되고, 감사할 일들이 얼마나 많은지도 알게 될 것이다'라는 구절이었다.

그 내용을 곱씹어보면서 내가 불행하고 부족하기만 한 사람일까를 되묻고, 내가 무엇을 가지고 있는지 적어보았다. 평상시에 공기를 호흡을 하며 살고 있다는 것을 잘 못 느끼고 살듯이, 없으면 잠시라도 생존이 불가능한 것들에 대해 잊고 살았다는 것을 깨닫게 되는 계기가 되었다.

무탈하고 나를 염려해주는 가족, 웬만한 산은 무리 없이 오를 수 있는 건강, 내가 하기 나름인 일, 흉허물 없이 지내는 벗들과 선후배들, 그리고 실패의 경험까지 무엇과도 바꿀 수 없는 소중한 것들을 이미 가지고 있었다. 그런데 그러한 것들이 나에게는 보이지 않았던 것이다. '어떻게 하면 돈을 많이 벌 수 있을까'란 편향된 초점에 모든 소중한 것들이 파묻혀 자각하지 못하고 있었던 것이다.

그동안 가려져서 보이지 않았던 감사한 것들이 내 마음의 눈에 보이기 시작하고, 내 가슴속에 내려앉을 때 비로소 생기가 돌기 시작하고 뭔가를 다시 시작할 수 있는 힘이 생긴다. 줏대가 생긴다. 일회성으로 힘이 솟는 것 아니라 "삶은 다 그런 거야. 나쁠 때도 있고 좋은 때도 있는 거야. 단지 하루하루 앞으로 나아가는 거야"라고 되뇌이면서 흔들리지 않는 한 걸음을 떼게 된다.

삶이 평화롭고 순조로울 때는 자신과 주변을 돌아보기가 쉽지 않다. 자신이 잘해서 잘사는 것으로 생각하고, 모든 것을 본인 위주로 생각하기 쉽다. 때로는 안하무인 식으로 오만을 떨 때도 있다. 그러나 삶이 나락으로 떨어지고 궁지에 몰리면 비로소 자신을 돌아본다. 애벌레가 허물을 벗고 나비로 탈바꿈하듯이 허영과 착각으로 뭉쳐 있던 겉껍데기를 벗어던지고 새로운 자아로 태어나는 게 아닌가 싶다. 사람들은 항상 돈도 잘 벌고 유복한 상태로 살기를 바라지만, 때때로 찾아오는 고난과 고비도 삶의 한 과정이고, 그러한 시간이 온전히 자신을 바라볼 수 있는 전기가 되고, 속내를 살찌우는 계기가 된다.

소중한 것들은 가까운 곳에 있다

내가 이미 가지고 있던 소중한 것들이 나에게서 없어진다고 상상을 해보면 너무 끔찍하다. 가족, 친구, 일, 건강 중에 하나라도 내게 없다면 내 삶이 유지될까? 이들의 존재가 가슴 깊이 느껴질 때 내 삶이 얼마나 감사한가를 깨닫게 된다.

앞서 나는 지금까지 지나온 삶에 위태로운 고비가 여러 번 있었지만 그때마다 그 어려운 상황을 잘 넘기고 살아온 것이 신기하고 감사하다고 했고, 그것이 마치 바람과 구름의 조화 같다고 표현했다. 바로 그 바람과 구름의 조화의 근원이 내가 곁에 두고 있으면서도 인지하지 못했던 소중한 것들이다. 그들은 내 삶의 산소이고 내 삶을 지탱해준 기둥이고 원동력이다. 그들이 없었다면 내 삶은 그 존재 기반이 없다.

내 삶이 감사하다고 느낄 때 비로소 달라진다. 너그러워지고 겸손해진다. 나의 표정이 달라지고 사람들을 태하는 태도도 더욱 살갑게 바뀐다. 무엇보다도 스스로의 삶이 초라하지 않고 경외받을 만한 존귀한 삶이라는 것을 알게 되는 순간, 사람은 여러 가지가 바뀐다. 더욱 지혜로워지고, 표피적으로 살기보다는 보다 본질적인 가치를 보게 되고, 삶의 깊이가 깊어진다. 삶이 선순환으로 들어선다. '삶은 풍부하게 소유하는 것이 아니라 풍요롭게 존재하는 것이다'라는 법정 스님의 말씀이 마음에 와 닿는다.

나의 소중한 것 중 가족과 아내가 가장 먼저 떠오른다. 아내와 결혼한 지 이제 26년째이다. 결혼 당시 양가가 모두 넉넉한 형편이 아니었기에, 원래 살던 인천 집의 조그만 방 하나에 신접살림을 차렸고 일 년 동안은 어머니와 한 집에서 살았다. 그러나 그 당시 내 직장이 서울의 역삼동 쪽이다 보니 출퇴근 거리도 너무 멀고, 아내도 서울 사람이어서 인천 생활이 쉽지 않았다. 그래서 일 년 만에 개인 주택에 붙어 있는 반지하 단칸방을 전세로 얻어 서울로 이사하게 된다. 신혼 초와 이후 7~8년 동안의 생활은 내가 이직을 하고, 또 사업을 시작하고, 그 사업을 3년 만에 정리하다 보니 경제적으로 궁핍했다. 부부간의 싸움도 있었고, 아슬아슬한 순간들도 있었던 것 같다. 무엇보다도 아내가 가장 힘들었을 것이다. 나는 바깥 생활을 하다 보니 집안 형편에 둔감하고 집안일에도 소홀하였으니 아내가 온갖 어려움을 감내했을 것이다. 고비의 순간에 아내가 뒤에서 힘이 되어주었으니 지금의 우리 가정이, 그리고 내가 있는 것이다. 아내가 옆에서 버텨주지 않았더라면 나는 그 어려움의 시간을 견뎌내지 못하고 무너지고 말았을 것이다.

우리 부부의 생활이 모든 부부의 표본이 되진 않을 것이다. 각자 처한 환경이 다를 테니 말이다. 부부가 같이 살긴 하지만 미움과 갈등으로 남들보다 못한 관계로 지내는 부부도 있을 것이다. 그러나 공통적인 것은 가정과 부부는 모든 인간관계의 핵이고 중심일 수밖에 없다는 사실이다. 거창하게 얘기하자면 이 우주에서 사라지지 않는 나의 DNA와 에너지의 통로이다.

요즘 이혼이 많이 늘고, 아예 결혼에 대해 거리를 두는 젊은이들도 늘고 있는 추세이다. 결혼관과 가족관이 바뀌고 있는 것이다. 지금 우리 사회가 남녀 간에 애틋한 마음과 콩깍지를 씌울 여유를 주지 않는다. 그것이 좋으냐 나쁘냐는 견해로 논란을 하고 싶지는 않다. 그러나 기쁘고 즐거운 일이 있을 때 같이 나누고, 힘들고 아플 때 기대고 의지할 수 있는 것이 가족 아니겠는가.

두 번째로 내 인생에 소중한 것을 꼽자면 친구들을 떠올린다. 학교 동창도 있고, 직장생활을 하면서 친해진 이들도 있다. 50대 후반인 나이지만 지금도 동창들을 만나면 학교 시절로 돌아간 것처럼 신나고 즐겁기만 하다. 근심 걱정은 다 잊고 바로 무장해제가 된다. 사회생활을 하며 만나 가까워진 친구들은 어찌 보면 삭막할 수 있는 사회생활에서 서로를 알아주고 인정해서 가까워진 이들이니 얼마나 생각의 주파수가 잘 통하겠는가.

친구들과 만나면 일상사뿐만 아니라 우리 세대가 안고 있는 각자의 고민들도 허물없이 털어놓는다. 친구들이 아니면 어디서 속 깊은 고민과 얘기를 풀어낼 수 있겠는가. 때로는 아내에게도 털어놓기 어려운 남자들만의 영역이 있다. 집에서나 회사에서는 과묵한 친구들도 만나면 봉인이 해제된 듯 수다가 터져 나온다.

회사 일이나 사업적 의도를 가지고 사람들을 만나고 관계를 맺는 것은 거기에 형식이 있어야 하고 각자의 속셈도 숨어 있다. 있는 그대로 자신을 드러내기보다는 목적과 의도에 따라서 일종의 연출이 들어가고 작위적인 형식이 개입될 수밖에 없다. 이러한 관계들은 의도와 목적이 달성되거나 연결이 끝나는 순간 그 관계도 끝이 난다.

그러나 친구들과의 관계는 조금의 꾸밈도 없는 온전한 나로서 서로를 드러내고 체온을 나눌 수 있는 인간관계여서 삶에 있어 사막의 오아시스 같은 의미이고, 인생의 변곡점에서는 긍정의 변화를 불러일으키는 존재이기도 하다.

은퇴 이후에 친구가 없어 집을 나가면 갈 곳이 마땅치 않은 동년배나 선배들이 있다. 그동안 일에만 매달려 사느라 제대로 친구를 만들지 못하고, 직장에서 만난 사람들 외에는 아는 사람이 없다. 하지만 회사에서 알게 된 사람들과는 은퇴 후에는 자연스럽게 멀어지게 된다. '친구와 포도주는 오랠수록 좋다'는 영국 격언이 있다. 친구와의 우정은 첫눈에 빠지는 사랑과는 다르다. 우정은 오랜 세월을 머금으며 견고하게 자라는 것이다. 눈, 비, 서리 맞으며 동장군을 이겨낸 아삭하고 깊은 맛의 묵은지 같은 것이다. 서로의 이야기에 공감하고 곁에서 항상 힘이 되어주는 존재가 친구이다. 내 인생에 그러한 소중한 존재가 없다면 스스로가 반성해야 한다. 분명 인생을 잘못 산 것이다.

세 번째로는 일이다. 일은 나와 내 가족의 생계, 아이들의 교육 문제를 경제적으로 지탱해주고, 사회에서의 나의 가치실현을 가능하게 해준다. 가장으로서 책임과 의무를 이행하는 수단이기도 하지만, 그것이 직장생활이든 자신의 사업이든 예술활동이든 사회에 대한 나의 기여와 역할을 수행하는 통로이기도 하다.

성인이 되어 일을 하기 위해 짧지 않은 기간 동안 학교를 다니며 치열하게 공부하고 준비한다. 때로 일을 하지 않는다는 것은 사람으로서 구실을 다하지 못하고 있다는 의미이기도 하다. 따라서 내가 현재 일을 하고 있다는 것은 축복이다. 그것도 지속가능하고 본인이 좋아하는 일이라면 더 말할 나위가 없다. 나는 퇴직 후에 180도 다른 일을 하고 있다. 어디에 소속되어 있는 것도 아니고, 번듯한 명함을 가지고 있는 것은 아니다. 나는 책을 읽고 글을 쓰는 일을 하고 있다. 이 일이 크게 경제적인 도움이 되지 않을지는 모르지만, 무엇보다 나에게 의미가 크고, 평소 해보고 싶었던 일을 하고 있는 지금 감사하지 않을 수 없다.

넷째는 건강이다. 중국 격언에 "一命(일명) 二運(이운) 三風水(삼풍수) 四積陰德(사적음덕) 五讀書(오독서)"란 말이 있다. 한 개인의 성공에 첫째 타고난 명, 둘째 운, 셋째 풍수, 넷째 음덕 쌓기, 다섯째 공부 순으로 영향을 미친다는 것이다. 요즘 부모들은 아이들 공부를 위해 돈과 노력을 쏟아붓는다. 하지만 공부는 작은 성공을 이루게 할 수는 있을 뿐 큰 성공과는 거리가 먼 하위에 자리 잡고 있는 덕목이다. 최상위 덕목이 명, 즉 '건강'이라고 말할 수 있는 것이다.

아무리 머리가 뛰어나고 능력이 출중해도 건강이 허락하지 않는다면 아무 소용이 없다. 실제 나의 주변에도 60세 중후반의 나이에도 불구하고 젊은이 못지않은 체력과 패기로 일하는 이들을 볼 수 있다. 보기 좋기도 하고 부럽기도 하다. 김영삼 전 대통령도 "머리는 남에게 빌릴 수 있어도 건강은 남에게 빌릴 수 없다"고 하지 않았던가. 아직은 건강해서 평상시 생활이나 등산을 하는 데 아무 문제가 없으니 감사할 일이고, 그러한 건강을 지키기 위해서 꾸준히 운동을 하고 있다. 누구나 바라듯이 살아 있는 순간까지 건강하게 살다가 인위적 수명 연장 없이 2, 3일 앓다가 가는 것이 정말 축복이라는 생각이다.

너무 즐거우면 고통이 된다

지금 우리 사회는 사람들에게 과잉을 요구하고, 사람들은 사회의 요구에 부응하기 위해 숨 가쁘게 산다. 거리에는 자동차들이 넘쳐나고, 공장들은 생산 과잉으로 버거워하고 있다. TV 예능 프로그램도 시청자의 눈길을 사로잡기 위해 갈수록 자극의 강도를 높이는 듯하다. SNS에 넘쳐나는 좋은 글도 어떤 때는 공해로 느껴진다.

직장인들은 밤늦은 시간까지 야근을 하고, 때로는 주말에도 회사에 나와 일을 하는 경우도 많다. 저녁이 있는 시간과 자신만의 여가 시간을 갖기 어려운 것이 요즘의 현실이다. 아이들은 좋은 대학에 가기 위해 밤낮 없이 공부에 매달려 산다. 자신이 원하는 것이 무엇이고 하고 싶은 것이 무엇인지 상관없이 부모의 기대와 사회적 잣대에 맞추기 위해 정신없이 사는 것이다.

영양적인 측면에서도 먹는 순간의 즐거움에 자제력을 잃고 쉽게 과식에 빠진다. 이는 과잉 영양을 초래하고, 그로 인해 비만과 여러 가지 성인병을 유발해 건강을 해친다. 요즘은 나트륨을 적게 섭취하는 것이 현대인들의 화두가 됐다. 그 배경은 이렇다.

우리의 몸은 하루에 1g 정도의 소금 섭취가 필수적이다. 옛날에는 소금이 황금이었다. 소금을 구하기 어려웠기 때문이다. 그러다 보니 신체도 몸에 들어온 소금을 오래 보관하도록 진화했다. 나트륨을 콩팥에서 걸러서 몸에 남기는 유전자가 발달했다. 석기시대 유골 분석에 따르면 당시 소금 섭취량은 현대인의 6분의 1 수준이라고 한다. 그런데 요즘 소금이 흔해지면서 나트륨 과잉 섭취가 일어났다. 그 소금이 혈액에 그대로 남아 삼투압으로 물을 당겨 고혈압의 원인이 되는 것이다. 몸에 부족하면 치명적인 소금이지만, 넘치면 거꾸로 건강을 해친다.

어떤 것이든 적정 한도를 벗어나면 가장 즐거웠던 것도 지겨워진다. 골프도 하루에 18홀이나 27홀 정도 즐기기에 적당하지 36홀을 도는 날은 경기 말미에는 즐거움이 아니라 억지고 고통이다. 물론 사람 따라 36홀이 아니라 그 이상도 즐거운 사람이 있겠지만, 대개의 사람들에게는 체력적으로 부담이 되고 운동이 아니라 노동이 된다. 프로 골프 선수들에게는 취미로 치는 일반인들과는 골프의 의미가 다를 것이다. 그들에게는 때에 따라서는 고통이고 인내이고 넘어서야 할 한계일 것이다. 누구든 적정 한도를 벗어 나면 가장 즐거운 것이 가장 즐겁지 않은 것이 된다.

모든 것이 차고 넘칠 때는 아이러니하게도 감사한 마음을 갖기가 쉽지 않다. 오히려 그러한 풍족한 상황이 당연하게 생각된다. 때로는 오만과 독선에 빠지기 쉽다. 무언가 불편하거나 부족할 때, 그래서 내 안에 기울기가 생길 때 오히려 부족하지만 내가 갖고 있는 것에 대한 감사함을 깨닫게 된다. 그리고 그 기울기를 따라 내 마음과 감성이 움직이면서 정체하지 않는다. 사회든 가족이든 그것을 구성하는 구성원들이 조금은 모자라고 결핍을 느낄 때 건강한 작용, 반작용이 생길 가능성이 높다. 그러면서 선순환을 만들고 하루하루 공들여 살다 보면 감사할 일이 많아진다.

부족함의 기울기가 분발케 한다

너무 가진 것이 많아 종국에는 재앙으로 이어지는 경우가 종종 있다. 넘치도록 풍부하게 소유하는 것은 사람의 예기를 꺾고 발전하려는 의욕을 말살시킨다. 이미 가진 것이 많은데 구태여 힘들게 노력할 필요가 없는 것이다. 더군다나 스스로 만들고 이룩해서 얻은 것이 아니라 그저 태생적으로 재물을 소유하게 된 친구들의 의욕은 자칫 전혀 엉뚱한 방향으로 향하기 십상이다. 도박이나 유흥에 탐닉하거나, 심한 경우에는 스스로를 망가뜨리는 경우도 있다.

요즘 있는 자들의 갑질이나 볼썽 사나운 행태로 세상을 어지럽히는 기사를 심심치 않게 접할 수가 있다. 그들의 성장 과정은 모자람이 없이 모든 것이 넘쳐나는 환경이었고, 그러다 보니 작용 반작용의 인간관계가 아니라 일방적인 작용만 있는 일방통행식 관계에 길들여져 살아왔다. 만일 그들이 부모의 기업을 단지 혈연이라는 이유만으로 물려받아 소유하고 경영을 한다면 생각만 해도 무섭다. 그것은 단지 그들만의 문제에서 끝나는 것이 아니고 국가 경제와 민생 문제와도 연결되기 때문이다.

조금 다른 예이기는 하지만, 왕년의 야구 스타 조성민과 박찬호를 보면 누구나 부러워할 만큼 많이 가졌던 인생이 얼마나 쉽게 깊은 나락으로 떨어지고 불행으로 인생을 마감하는지 안타까운 경우를 보게 된다.

두 선수 모두 황금의 92학번 세대를 대표하는 선수로, 조성민은 190cm의 우월한 신체 조건과 잘생긴 외모에 야구 실력도 출중해서 어느 것 하나 부러울 것이 없었다. 학창 시절에는 인기 면이나 세간으로부터 주목을 받는 측면에서도 조성민이 박찬호보다는 한 단계 위라고 말할 수 있었다. 그리고 일본으로 건너가 요미우리 자이언츠 시절에는 당대의 최고 스타인 최진실과 결혼함으로써 일반인들의 시샘을 한 몸에 받을 정도로 잘나가던 그였다. 그러나 한순간에 온갖 불행의 격랑에 휘말리며 결국에는 본인도 안타깝게 생을 마감했다. 그에 반해 박찬호는 학창 시절에는 조성민에게 다소 밀렸지만 미국 메이저리그 진출 후에 착실한 자기관리를 통해 우리나라 야구사를 대표하는 야구 선수로 거듭났고, 은퇴 후에도 모범적인 생활을 하고 있는 것으로 잘 알려져 있다.

조성민은 너무 많이 가졌던 것이 오히려 화근이 된 것이 아닌가 생각된다. 가진 것이 많다 보니 남들이 나를 어떻게 볼지 의식을 많이 하고, 자기 통제를 제대로 하지 못해 파멸의 길로 들어섰다고 할 수 있다.

언젠가 20년 이상 학원을 운영한 한 학원장의 인터뷰를 본 적이 있다. 그는 "학생들의 대학 입시 성적은 중학교 2학년 때의 성적이 거의 그대로 가는 것 같다"고 말했다. 이 학원장의 분석이 얼마나 사실에 부합하는지는 모르겠다. 재미있는 것은 그 다음 말이었다. "예외적으로 성적이 크게 오르는 학생들이 있다. 공통점을 뽑아보면 중학교 2학년에서 고등학교 3학년 사이 집안에 큰 변화가 있었던 학생들이 많았다. 좋은 변화가 아니다. 부모 중 누군가 사망하거나 실직했거나, 사업이 부도난 경우다. 한마디로 집안이 쫄딱 망할 정도로 환경이 악화된 학생들에게서 그런 예외적인 사례가 많았다"고 했다.

위기나 결핍은 스스로를 자각시키고 분발하도록 자극하는 역할을 한다. 그로 인해 인생에서 반전의 계기를 만들고 멋진 성공 스토리를 만들어내기도 한다. 개인적으로 나는 큰 성공을 이루거나 업적을 내지는 못하였지만, 어렸을 때 모자람과 추위가 그로부터 빨리 벗어나도록 스스로를 자극하고 노력하도록 만들었던 것은 분명하다. 그 시절 우리 세대 대부분이 궁핍하게 살았기 때문에 가난에서 벗어나야겠다는 자극과 욕구가, 세계적으로 유례없는 경제 성장을 이루게 한 원동력 중의 하나인 것은 누구도 부인하지 못할 것이다.

나는 지금도 분발을 촉구하는 결핍이 있다. 그것은 경제적 궁핍으로부터 벗어나야겠다거나 돈을 많이 벌어야겠다는 욕심이 아니라, 내 인생의 새로운 가치를 만들어 나가고자 하는 욕심이다. 이제는 가족을 부양해야 하는 가장의 책임에서 벗어나 그동안 미뤄놨던 나의 내적 욕구를 추구하고 싶은 마음이 있다. 그렇다고 지나온 30여 년의 사회생활이 후회되거나 폄하하는 것은 아니다. 그 시간 또한 충분히 나에게 의미가 있고, 가치 있게 살아온 내 삶의 궤적이고, 지금의 나를 여기에 있게 한 소중한 시간이었다. 단지 이제는 에리히 프롬이 얘기했듯이 소유 지향적인 삶의 방식에서 존재를 중시하는 삶의 방식으로 바꾸고 싶다. 책도 많이 읽고, 새로운 사람들도 만나고, 엉뚱한 생각도 해보고, 언제든 가보고 싶은 곳이 있으면 당장 떠나고 싶다. 지금 시간이 새로운 시작을 위한 설렘의 날들인 것이다.

담담하게 걷고 뜨겁게 뛰어라

1판 1쇄	2016년 11월 30일
2쇄	2017년 3월 6일

지 은 이	김동현

발 행 인	주정관
발 행 처	북스토리㈜
주 소	경기도 부천시 길주로 1 한국만화영상진흥원 311호
대표전화	032-325-5281
팩시밀리	032-323-5283
출판등록	1999년 8월 18일 (제22-1610호)
홈페이지	www.ebookstory.co.kr
이 메 일	bookstory@naver.com

ISBN 979-11-5564-134-7 03320

※잘못된 책은 바꾸어드립니다.

이 도서의 국립중앙도서관 출판시도서목록(CIP)은
서지정보유통지원시스템 홈페이지(http://www.seoji.nl.go.kr)와
국가자료공동목록시스템(http://www.nl.go.kr/kolisnet)에서 이용하실 수 있습니다.
(CIP제어번호 : CIP2016026036)

동시대의 감성과 지성을 담아내는 **북스토리(주)** 출판 그룹

북스토리 | 문학, 예술, 만화, 청소년, 어학
북스토리아이 | 유아, 어린이, 학습
북스토리라이프 | 취미, 요리, 건강, 실용
더좋은책 | 교양, 인문, 철학, 사회, 과학